惊天骇浪 JINGTIAN HAILANG

中途岛海战

ZHONGTUDAO HAIZHAN

李从嘉 编著

中国书籍出版社
China Book Press

图书在版编目（CIP）数据

惊天骇浪：中途岛海战 / 李从嘉编著 . -- 北京：
中国书籍出版社，2021.11
ISBN 978-7-5068-8796-0

Ⅰ . ①惊… Ⅱ . ①李… Ⅲ . ①太平洋战争—海战—史
料 Ⅳ . ① E195.2

中国版本图书馆 CIP 数据核字 (2021) 第 228498 号

惊天骇浪 ： 中途岛海战

李从嘉　编著

图书策划　武　斌　崔付建
责任编辑　武　斌
责任印制　孙马飞　马　芝
出版发行　中国书籍出版社
地　　址　北京市丰台区三路居路 97 号（邮编：100073）
电　　话　（010）52257143（总编室）（010）52257140（发行部）
电子邮箱　eo@chinabp.com.cn
经　　销　全国新华书店
印　　刷　三河市华东印刷有限公司
开　　本　710 毫米 ×1000 毫米　1/16
字　　数　251 千字
印　　张　13.25
版　　次　2022 年 3 月第 1 版
印　　次　2023 年 4 月第 2 次印刷
书　　号　ISBN 978-7-5068-8796-0
定　　价　42.00 元

·前　言·

中途岛的较量

1942年6月，美日两国海军集中了海军主力在从中途岛海域到阿留申群岛范围内的广大海域进行了一场以航母舰队为主的较量。在这场较量中，骄横不可一世的日本海军损失了四艘重型航空母舰“苍龙”号、“赤城”号、“飞龙”号和“加贺”号，当时日军重型航母的总数是六艘，这等于折损了日军海上远程攻击力量的三分之二，日本海军最锋利的武士刀被打断了。中途岛海战改变了美日两国海上力量的对比，让美国太平洋舰队有了和日本联合舰队抗衡的资本。在此后接近一年的时间里，日本海军不得不放慢了进攻的步伐，坐视美国海军凭借强大的工业实力一步步变成了自己无法战胜的对手。中途岛战役成了改变太平洋战争进程的关键点。

中途岛战役是美日双方海上力量的一次直接较量，是尼米兹、弗莱彻、斯普鲁恩斯、山本五十六、南云忠一等双方将领的斗智斗勇。山本五十六的疯狂计划、尼米兹的睿智应战、南云忠一的犹豫彷徨、萨奇的传奇战术、山口多闻的自杀殉舰，这些都是中途岛海战中的经典时刻。这场海战让日本海军尝到了疯狂好战的苦果，他们被击沉的四艘航母，失去了100多名训练有素的舰载机飞行员，更重要的是拉开了日本海军在太平洋战场上接连失败的序幕。这场战役也富有戏剧性，美国海军凭借着牺牲精神用连续的、跌跌撞撞的进攻赢得了海战胜利，让全军上下士气大振。更为重要的是这场海战让美国海军的将领积累了指挥大型航母特混舰队的经验，为后来的胜利埋下了伏笔。

中途岛海战更是一场熟悉而又陌生的海战，渊田美津雄等人的说法在战后甚嚣尘上，“命运的五分钟”似乎成了中途岛海上较量的关键。如果我们拨开历史的迷雾就会发现渊田美津雄的说法是自欺欺人，和很多日本“二战”参与者一样他在尽可能地美化自己，为战败推卸责任。中途岛海战的结果众所周知，中途岛海战的真实历程却被历史的烟雾遮掩，成了我们“熟悉的陌生人”。

中途岛的较量为今天的航母舰队作战指明了方向，在海战战术发展史上非常重要，更对美国海权的发展起到了至关重要的作用。在中途岛海战中无线电密码破解、远程侦察、航母舰队的攻防转换、航母防御战术、舰载机攻击、航母遭到攻击后的损失管理等技战术问题都有很好的展现，是人类历史上少有的高水平航母舰队对决。中途岛海战还是日美两国海军大战略的重要组成部分，在 1942 年双方的战略布局中是最重要的一环，轰炸东京、珊瑚海海战都是中途岛海战的前哨战，瓜岛战役也可以看成是中途岛海战的后续。

第一章　山本五十六的赌局

第二章　战前博弈

第三章 初 战

第四章 大战中途岛

第五章 结 局

·第一章·

山本五十六的赌局

第一节

“香格里拉”的访客

1942 年 4 月 1 日，美国旧金山阿尔梅达海军基地的水兵接到了一个奇怪的命令——将 16 架 B-25B 轰炸机吊装到“大黄蜂”号航空母舰上。听到这个命令，水兵们一脸疑惑，不少人甚至怀疑这是愚人节（愚人节是 4 月 1 日）的玩笑。因为 B-25B 轰炸机是美国陆军航空兵在 1940 年才列装的新型轰炸机，这种轰炸机并不是美国航母上专用的舰载飞机。美国海军和陆军之间有着微妙的竞争关系，每年西点军校和安纳波利斯海军学校之间的橄榄球比赛就是这种竞争关系的体现，“Go Navy! Beat Army! ”（加油海军，打败陆军）是比赛时水兵们为自己军种代表队呐喊的口号。随着 B-25 轰炸机和穿着 A2（美国海军穿 G1 飞行夹克，在美军乱穿军服后果很严重）飞行夹克的陆军飞行员来到基地，水兵们发现这绝不是玩笑，他们有条不紊地将飞机装载到航母甲板上，发现这种陆军轰炸机 20.6 米的翼展和“大黄蜂”号航母 26.3 米宽的飞行甲板非常合拍。“大黄蜂”号舰长马克·米切尔的勤务兵拉里·鲍加特在这群陆军飞行员中发现了一个矮小的身影竟然是全美最著名的飞行家之一的杜立特，这个发现震惊了全船水兵，不少人推测他们将执行重大的任务，纷纷在当天下午加大了自己保险的金额。

杜立特当时却毫无明星的自觉，他正忙着让自己手下的飞行员熟悉航母这个新环境，交代他们一系列的注意事项。时年 46 岁的杜立特已经是第二次在美国陆军航空兵服役了，但在航母上作战对他来说也是头一次。杜

“大黄蜂”号在近海试航。摄于 1941 年 10月 27 日。

杜立特上将（1896 年 12月 14 日—1993 年 9 月 27 日），美国空军将领、杰出的特技飞行员和航空工程师，第二次世界大战中率编队首次空袭日本东京，史称杜立特空袭。

立特1896年在加利福尼亚州出生，幼年时随父母从阳光明媚的加州迁居冰天雪地的阿拉斯加，在诺姆这个因淘金而人口大增的城镇中长大（巅峰时诺姆人口两万，现在只有2300多人）。诺姆地方民风彪悍，十分推崇硬汉精神。在那里长大的杜立特虽然身材矮小，但也成了硬汉中的一员，他自小练习拳击，拳技出众，曾获得太平洋沿岸最轻量级拳击冠军。杜立特并没有在拳台走得更远，因为飞行这种勇敢者的游戏对他的吸引力更大。1910年杜立特看到了著名飞行员格伦·柯蒂斯的飞行表演后就对飞行产生了浓厚兴趣，他利用自己搜集的旧零件试图制造一家滑翔机，但没有成功。杜立特因此意识到知识对飞行的重要性，他考入了加利福尼亚大学，在那里他不但特意学习了飞行，还学习了空气动力学、莫尔斯密码、气象学、力学、数学等和飞行相关的课程。1917年杜立特加入美国陆军航空兵部队，第一次驾驶战斗机后六小时就开始单飞。和当时众多的美国飞行员一样，杜立特也渴望到法国参加第一线的战斗，去和以“红男爵”（一战头号空战王牌）为首的德国飞行员进行较量，成为“空中骑士”“王牌飞行员”。这个梦想却因为他高超的飞行技术而未能实现，1918年由于航空技能扎实仅仅入伍半年杜立特就被晋升为教官，这使得他无缘于战场。虽然未能在战场扬名，杜立特依旧在飞行界成了顶级高手。1922年9月4日，杜立特驾驶一架DH-4B型飞机，从美国东部最南边的佛罗里达州飞到自己的故乡美国西北部的加利福尼亚州，全程3481公里，耗时21小时19分，成为首个完成一天内横跨美国本土的飞行员。1925年，他驾驶R3C-2水上飞机，以平均374.28公里的时速，为美国夺得了施奈德奖比赛的冠军；几天后，他又驾驶该机创造了水上飞机飞行速度的世界纪录；他一生中九次打破飞行纪录，还赢得了当时航空比赛的大满贯，即连续获得施奈德海洋杯、本迪克斯杯和汤普森杯的冠军。由于高超的飞行技能，杜立特是美国军队新机型的主要试飞员之一，并在麻省理工学院获得了航空工程学博士学位。1930年，他以少校军衔退役，进入壳牌石油公司工作，在1934年促使壳牌石油公司开始研发专用的航空燃料。1932年他成功驾驶着当时美国最高速也最危险的GeeBeeR-1飞机创下了时速473.75公里的航空记录。这些成绩让杜立特和林白、霍华德休斯一样成了美国家喻户晓的明星级飞行员。除了高超的飞行技能，杜立特还拥有很强的技术能力。杜立特在20世纪20年代和航空专家合作制造出了和无线电设备相连的仪表，为飞行员征服恶劣天气做出了突出贡献。1929年9月24日，他凭借新研制出来的机载设备，驾机成功地在浓雾中完成了起飞和着陆，成为美国第一位实施“盲目”着陆的人。在美国陆军航空兵飞行员中杜立特是当之无愧的空中王者，而他脚下的“大黄蜂”号航母则是当时美国海军最新的航母（1941年10月服役），当时还没有执行过作战任务，这艘航母的处子秀却是带着陆军航空兵中最好的飞行员作战。

这个在当时有些“无厘头”的举动，决策者就是美国海军最大的支持者——富兰克林·罗斯福总统。罗斯福家族是美国海军最大的政治依靠，曾任美国海军部副部长、第26任美国总统的西奥多·罗斯福是《海权论》作者马汉的好友，也是美国海权战略的推动者，在西奥多·罗斯总统福任上美国建成了拥有16艘战列舰的大白舰队。富兰克林·罗斯总统也担任过海军助理部长，为海军的壮大做出了贡献。昔日围在西奥多·罗斯福总统身边的“海军小子”们已经成了富兰克林·罗斯福总统身边的海军将领，19世纪末还被智利海军威胁过的美国海军已经在20年代初取得了和英国海军平起平坐的能力，富兰克林·罗斯福总统真的把美国海军当成了倾注自己家族心血的杰作。这个杰作在1941年12月7日却被一次卑鄙的偷袭破坏了，在日军对珍珠港的偷袭中太平洋舰队的主力战列舰中4艘沉没（“亚利桑那”号、“加利福尼亚”号、“俄克拉何马”号、“西弗吉尼亚”号）3艘重创（“内华达”号、“马里兰”号、“田纳西”号），而太平洋舰队的战列舰总数只有8艘，整个美国海军当时也只有17艘战列舰。战列舰这种在现在看来已经过时的钢铁巨兽那时却是当时各国军人眼中的“海军中的女王”，是舰队决战的核心，日本海军用尽各种手段才让自己的战列舰数量达到了10艘。华盛顿协议中首先限制的就是各国的战列舰数量和吨位，日本人苦苦追求的“八八舰队”（八艘战列舰加八艘战列巡洋舰）核心也是战列舰。富兰克林·罗斯福总统也不可能像某些阴谋论指出的那样故意拿战列舰当祭品，因为损失掉的战列舰造价远远超过了幸存的航母造价。报复日本成了珍珠港事变后富兰克林·罗斯福总统最大的执念，但当时的战场形势让这种报复成了奢望。由于美国太平洋舰队受到重创，日本海陆军在 1941 年末、1942 年初进行了疯狂的扩张，香港、菲律宾、马来亚、新加坡、印尼等国家和地区在珍珠港事变后的几个月里都落入日本人之手，日军的前锋甚至在 1942 年 2 月 19 日对澳大利亚的达尔文市进行了轰炸。罗斯福和美军急需一场胜利挽回士气，1942 年 1 月美国海军一个名叫佛朗西斯·洛的海军中校想出了一个堪称异想天开的计划，那就是利用航母的机动性优势携带航程远的陆军中程轰炸机突破日本的七百海里防卫圈对东京等地进行轰炸。这个计划得到了美国陆海军联合参谋部的认同，经过众多人员的修订，三天后这个计划得到了罗斯福总统的批准。美国海军之所以放弃这次行动的主动权就是因为他们舰载轰炸机的航程不足以完成任务，因此不得不借助老冤家陆军的飞机和飞行员。经过比较，B–25 轰炸机成了这次行动的专用飞机。B–25“米切尔”是由北美飞机公司制造的中程轰炸机，配置 2 台莱特 R–2600 活塞发动机，每台发动机具有 1700 匹马力，最大航程 2173 公里，巡航速度 370 公里每小时，最大速度 438 公里每小时，升限 7619 米，总重 12909 公斤，主要打击力量是自身携带的 1360 公斤炸弹，全机长 16.13 米，翼展 20.6 米。和 B–17、B–29 等重型轰炸机相比，B–25 在马力、载弹量、航程、航速等方面都明显不足，它胜出的最大的原因在于合适的尺寸。B–25 的翼展是 20.6 米，可以十分方便地停靠在“大黄蜂”号宽 26.3 米飞行甲板上，而 B–17 翼展达到了 31.65 米，B–29 达到了惊人的 43.05 米。除了尺寸合适，B–25 的起飞距离只有几十米，也可以在航母的飞行甲板上起飞。选定了飞机后，1942 年 2 月 3 日两架 B–25 在“大黄蜂”号航母上进行了秘密起降试验，证明了这种飞机的性能不负众望。紧接着美国陆军航空兵精选了一批飞行员，并挑选了自己麾下最好的飞行员和航空专家杜立特担任指挥官。由于是在航母上起飞作战，这些飞行员还要接受舰载机飞行训练，美国海军的亨利·L. 米勒中尉成了这些飞行员的飞行教官，可以说这次行动正是美国陆海军通力合作的产物。为了更好地执行任务，杜立特等人对 B–25 飞机进行了改造，拆除了机尾、机腹的机枪，拆除了防护钢板，拆除了多余的无线电装备。除了做减法，杜立特还需要给 B–25 做加法。放飞 B–25 后，“大黄蜂”号航母就等于失去了全部空中力量，必须撤出战场。所以 B–25 只能降落到东亚附近的机场，罗斯福总统原来指望可以让他们停靠在最近的苏联远东机场，这个要求被斯大林拒绝。罗斯福不得不选择了距离更远的中国战区，浙江衢州成了杜立特撤退的目标，这大大增加了飞行距离。杜立特给 B–25 飞机加装了一个 225 加仑（1 加仑燃油大概是 2.7 公斤）橡皮副油箱，投弹仓加装了一个 160 加仑折叠式橡皮副油箱，机腹加装一个 110 加仑金属副油箱，机尾放置 1 个 60 加仑油箱和 10 个 5 加仑油箱，把 B–25 油量从 646 加仑提升到了 1251 加仑，几乎翻了一倍。为了防止冻结，B–25 还加装了除冰器。

中途岛环礁，摄于 1941 年 11 月。中途岛实际上是由东岛（EasternIsland）和沙岛（Island）组成，前者建有三条跑道，后者则有机库、军营等若干军事设施。

4月2日大黄蜂航母通过了金门大桥，开始了自己的远征，“文森斯”号重型巡洋舰和“纳什维尔”号轻型巡洋舰成了“大黄蜂”号旅程中的伙伴。4月8日，“企业”号航空母舰离开珍珠港，在2艘巡洋舰、4艘驱逐舰的护航下，去与“大黄蜂”号会合。4月14日，“大黄蜂”号航母编队穿过北太平洋风暴区，在阿留申群岛和中途岛之间的指定地点与哈尔西的“企业”号航母编队汇合，组成了“迈克特遣舰队”，舰队的总指挥是哈尔西少将。集合完毕后总指挥哈尔西将军在“企业”号航母上向全体舰队成员通告了这次任务的目标——轰炸日本东京。哈尔西是美国海军中最好斗的指挥官，也是对日作战最积极的指挥官。珍珠港事件后，“杀日本人，杀日本人，杀更多的日本人”成了他的口头禅。哈尔西3月初远征了距离东京不到两千公里的马尔库斯群岛，被认为是执行这项远征任务最好的人选。

4月17日下午“大黄蜂”号开始准备作战，机械师们紧张的将炸弹挂到B–25轰炸机上。大部分B–25都以4枚500磅（226公斤）炸弹为主，少数B–25还携带了燃烧弹。“大黄蜂”号航母的舰长马克·米切尔还拿出了四枚勋章挂在炸弹上，以表示自己对日本的唾弃。美日两国海军也有过蜜月期，秋山真之在马汉门下求过学，东乡平八郎也热情地接待过小字辈的尼米兹，覆灭大半个太平洋舰队的山本五十六更是在哈佛大学进修过。珍珠港的偷袭让两国海军的友谊也随着战火消失了，海军是一个讲究荣誉和风度的军种，米切尔认为不宣而战的日本海军根本就没有荣誉可言。4月17日傍晚，美国特混舰队发现在海面上有日本的侦察船，特混舰队不得不改变航向。4月18日上午七时半之后不久，“大黄蜂”号航母距离日本海岸800海里时，一艘伪装成渔船的日本侦察船发现了在海上航行的美国特混舰队，立即用无线电向日本大本营发出了警告。几分钟之后，“纳什维尔”号轻型巡洋舰用炮火击沉了这艘小型勤务艇，美国海军还从海上捞起了四名日本水手。总指挥哈尔西当机立断开始提前放飞B–25轰炸机，而不是按原计划在18日夜晚对日本发动攻击。上午8时，“大黄蜂”号调头迎风，杜立特紧紧握了一下舰长米切尔上校的手后迅速登机。8时15分，杜立特第一个起飞，他的战机迎着狂风开始加速，长度为228米的飞行甲板他只使用了60米就飞上了天空，是16架轰炸机中起飞距离最短的。紧接着15架飞机依次起飞，到9时20分，16架轰炸机在空中集结完毕，开始向着东京方向飞去。

“那天上午，风在怒吼，海在咆哮，蔚蓝的海水在航空母舰两侧迸裂出一簇簇浪花。”哈尔西这样回忆当天的情景，“詹姆斯率领他的中队起飞了，随后我的值班参谋在旗舰航海日志上写道：改变航向，转弯九十度，立即以每小时二十五海里的速度退出该海区……”哈尔西在后退，杜立特却在一往直前的冲锋。16架B–25战机在低空避开了日本人的雷达，逐渐接近了日本列岛的海岸线。日本人并非毫无察觉，他们在4月10日就发现了美军的企图，大本营的参谋认为美国海军没有双引擎轰炸机，即使美国航母侥幸靠近了日本也必须在400海里的距离内作战，这个距离不可能避开日本的搜索，也不可能避开日本岸基航空兵的打击。日本海军还不慌不忙地派出了南云忠一指挥第一机动舰队去轰炸斯里兰卡的英国军队，正好和哈尔西的特遣舰队错开。关系恶劣到几乎老死不相往来的日本陆海军怎么也没想到美国海陆军居然可以用这种方式作战，杜立特的轰炸机编队几乎是“一路绿灯”般直逼东京。经过三个多小时的飞行，他们终于见到了东京湾的海岸线。东京街头的人们早已听到了防空警报，但无人躲到防空洞里，当天上午他们已经进行过一场防空演习，他们普遍把这当成了再一次演习。燃烧弹落地后上千度的火焰开始吞噬自己遇到的一切，所到之处就连水也被瞬间气化。紧接着16架B–25将全部64枚炸弹投向了预定目标，整个投弹时间为时30秒。

这次空袭的战果是：日本方面50人丧生，252人受伤，90幢建筑受损或倒塌。受损的建筑包括日本柴油机制造公司、日本钢铁公司第一钢铁厂、三菱重工公司、交通部变电所、国家纤维服装公司、横滨制造公司仓库、名古屋飞机制造厂、1座军工厂、1所海军实验室、1个机场、1个临时军火供应站、9幢电力大楼、6只大油罐、1家服装厂、1间食品储藏仓库、1家煤气公司、2家其他公司、名古屋第二临时军用医院、6所小学和初中。

虽然罗斯福总统严令不得攻击日本皇宫，这个空袭还是让裕仁天皇感受到了威胁。当时的日本人大多是国家神道教的信徒，这种宗教宣称日本天皇是天照大神的子孙，日本列岛是神赐的圣土，整个日本列岛都受到神的庇护，历史上蒙古人攻打日本两次遭到台风袭击全军覆灭的往事更是加深了日本人的这种信念。这次空袭击破了天皇的神话，山本五十六不得不前往皇宫请罪。

空袭过后，罗斯福总统用“香格里拉”这个地名巧妙地回答了记者关于出击地点的提问。“香格里拉”访客的空袭让日本愤怒异常，日本华东派遣军出动大军对杜立特等人降落的浙江衢州地区进行了惨无人道的报复。日本联合舰队派出了“伊势”号和“日向”号为首的第二舰队追击哈尔西的特遣舰队。“伊势”号和“日向”号建造于 1918 年，它们的最大巡航速度只有 24.5 节，而他们追击的目标“大黄蜂”号的最高时速是 34 节。这种追击自然没有战果，哈尔西的特遣舰队毫发无伤地返回了珍珠港。

第二节

“武士赌徒”山本五十六

杜立特的空袭加强了联合舰队司令官山本五十六的话语权，让山本五十六的方案成了日本海军首选的行动方案，可以说没有这次空袭就没有中途岛海战。作为联合舰队总司令山本五十六在日本海军的权力体系中排名第三，按照日本军方的权力划分他应当在军令上服从军令部长永野修身。但山本五十六却越俎代庖地提出了自己的战略构想，并让整个日本的战争机器付诸实践。联合舰队和整个日本的命运都成了这个武士赌徒手中的筹码，这种不正常的现象要从山本五十六的成长经历和日本当时的社会氛围谈起，否则我们很难理解中途岛会战中山本五十六的所作所为。

山本五十六（1884 年 4 月 4 日—1943 年 4 月 18 日），原名高野五十六，日本帝国海军大将。

山本五十六是集武士道精神和赌徒性格于一身的日本军人，这两个精神元素决定了他一生大部分所作所为。和很多当时的日本军人一样，山本五十六也是武士的后代。1884 年 4 月 14 日山本五十六出生在新潟（音 xie）县长冈市一个没落的士族（专指原来的中下级武士和宫廷中的中下级事务官，属于“公务员”身份的阶层）家庭，生父高野贞吉在明治维新战争中坚决站在幕府一方，战后长期担任长冈乡下的小学校长。山本五十六出生时高野贞吉已经 56 岁，就给自己的第七个孩子取了五十六这个名字。高野家子女众多，学生时代的山本五十六生活并不富裕。山本五十六从小接受的教育就是典型的武士教育，他十岁那年生父高野贞吉用武士刀划伤他的双腿 12 次，代表他正式元服。山本五十六就读的中学也是长冈藩武士建立的长冈洋学校，武士教育奠定了山本五十六的思想基础。

由于学习成绩优秀，山本五十六得到了长冈县旧武士阶层的注意，得到了长冈社五年六十日元的资助。当时的日本武士阶层已经退出了历史舞台，但旧有的社会联系还没有完全消失。同一个藩（原有日本的行政单位，相当于现在日本的县）出身的人往往会在各方面互相扶持，在军界政界形成以同一藩人士为主的势力集团，日本军界就存在着几乎瓜分了海陆军高层职务的“长州派”（陆军）和“萨摩派”（海军）。长冈藩的旧武士就看中了山本五十六的潜力，将他视为明日之星。山本五十六中学毕业后也像很多武士后代一样报考了军校，1901 年他成了江田岛军校 32 期的学生，在入学成绩上是第 2 名，仅次于盐沢幸一（海军大将）。旧日本海陆军的军校对学生成绩的看重几乎达到了教条的程度，军校生的入学成绩和毕业成绩和日后的升迁息息相关。经过三年的学习山本五十六以江田岛军校 32 期第 7 名的成绩毕业，以毕业生的成就来说第 32 期也是江田岛军校毕业生中含金量最高的一届（仅次于第七届，那一届也是四名海军大将，但有两人获得了元帅称号），和山本五十六毕业成绩相当的盐沢幸一（毕业第二名，他的晋升速度比山本五十六快）、岛田繁太郎（毕业成绩第 27 名）、吉田善吾（毕业成绩第 12 名）日后也成了海军大将。山本五十六毕业后就很快参加了日俄战争，在决定日俄两国海军命运的对马海战中失去了两根手指，山本五十六也因为在战争中英勇表现得到了明治天皇亲自颁发的奖金。日俄战争让山本五十六时刻以东兴平八郎为奋斗的目标，在对美国的太平洋战争中，山本五十六很想复制一场对马海战，中途岛之战就是他不成功的尝试。

1914 年山本五十六成了海军大学第 14 期的甲种课程的学生，他昔日的同窗盐沢幸一、岛田繁太郎、吉田善吾却是第 13 期的学生，在晋升资历上山本五十六只能落后于人。根据日本海军不成文的规定，进入海军大学甲种课程学习的山本五十六几乎已经是海军将军的候补人选。山本五十六的远大前途引起了长冈藩人士的注意，长冈藩旧藩主牧野忠笃派遣田中浪江、渡边廉吉等人劝说山本五十六改姓，成为山本家的继承人。在讲究家格（家族地位）的日本，这种改姓行为并不是大逆不孝，相反而是一种值得称道的行为。山本家和高野家以前就关系密切，高野家的武士地位得益于山木家的提携，继承家格高于自己的山本家对于山本五十六来说十分有利。1916 年 5 月 19 日长冈城建立纪念日这天，山本五十六正式改姓，成了在明治维新战争中阵亡的山本带刀的孙子，继承了山本家的苗字（武士姓氏）和社会关系，这大大提升了他在长冈藩人士中的地位。

山本五十六传统但不守旧，他善于利用一切机会观察敌人、提高自己。1919 年山本五十六以外交武官的身份赴美，成了哈佛大学的学生。在哈佛大学学习之余，山本五十六还留心观察美国的工业潜力。为了弄清美国在墨西哥的石油生产情况，山本五十六自费前往墨西哥进行考察。由于经费短缺，一路上山本五十六以面包和凉水为生，随身衣物也由于条件艰苦变得十分邋遢，他甚至被墨西哥警察当成了流浪汉拘留。美国的工业给了山本五十六以深刻的印象，这为他以后豪赌太平洋战争埋下了伏笔。

山本五十六在日本海军中最大的支持者是海军航空兵部队，这是他有别于其他海军将领的地方。1924 年 9 月 1 日，山本五十六调往霞浦海军航空队，12 月 1 日，山本五十六正式就任霞浦海军航空队副队长兼教育长。山本五十六在任上努力学习了航空理论，还学习了驾驶战机的技术，经过几个月的学习达到了单飞的水准。山本五十六的训练从实战出发，飞行员经常因飞行事故丧生。1925 年 10 月 2 日，山本发起创建了霞浦神社，专门给因训练丧生的二十多名飞行员招魂。1929年山本晋升为少将，并出任海军航空部技术处长、第一航空队司令官等职。值得一提的是，山本五十六虽然用舰载航空兵完成了偷袭珍珠港，被很多人认为是使用航空兵的专家，他实际上对日本海军舰载航空兵的发展也产生过很大的不利影响，“战斗机无用论”这种错误言论就得到了山本五十六的大力支持。战斗机无用的说法在30年代的航空界一度十分流行，英国皇家空军也是这种理论的拥护者，英国皇家空军一度要把轰炸机和战斗机的生产比例制订成2比1。山本五十六在主持海军航空兵技术研发时研发生产出了著名96陆基攻击机。山本五十六推崇的“战斗机无用”理论主张日本将更多的资源投入到轰炸机尤其是陆基轰炸机上，在夺取了众多的海外领土后完全可以用价值低廉的陆基轰炸机组成空中防卫圈，对敌人庞大的海上兵力进行打击。在海上进攻时也要尽可能地让轰炸机、鱼雷机消灭敌人的舰队的有生力量，因为轰炸机和鱼雷机上也有自卫用的机枪和机炮，在航速上只是略微落后于战斗机，所以航母作战时只需要携带鱼雷机和轰炸机即可。这种说法忽视了满载弹药对鱼雷机、轰炸机速度、机动性上的制约，实战证明是一种错误的理论。山本五十六麾下航空派的干将源田实、大西泷治郎等人都是这种错误理论的鼓吹者，在山本五十六的授意下他们用一系列“演习”证明了自己的理论，反对他们的人都被用包括殴打在内各种手段进行打击。直到侵华战争爆发，“战斗机无用论”才在实战中破灭。“战斗机无用论”实际上是山本五十六攻势作战思维的具体表现，这种理论失败后山本五十六利用中国战场上得来的经验完善了集中使用舰载战机作战的理论，为珍珠港的胜利和中途岛的失败埋下了伏笔。

山本五十六的海上指挥经历相当有限，他只短时间担任过“五十铃”号（轻巡洋舰）和“赤城”号（航母）的舰长，对日本大部分军人热衷的战列舰并没有太狂热的感情。这种与众不同的经历让山本五十六在海军派别上成了条约派的成员，成了舰队派成员眼中必须“天诛”的国贼。

日本海陆军在20世纪20年代以后就发展出了各个不同的派别，几乎每个海陆军军官都是这些派别的成员。这种派别斗争的幕后黑手就是裕仁天皇，因为裕仁天皇需要这些派别成员出面从军界元老手中夺取权力。长州派的元老山县有朋不但打压军中的小字辈，还把裕仁天皇也看成了自家晚辈，曾干涉过裕仁天皇的婚姻。为了夺取权力，裕仁天皇在宫中设立了大学寮，用军国主义理论家大川周明（《大和民族是世界上最优秀之民族》《日本有能力主宰亚洲》的作者，大川周明还提出了对英美宣战、向东南亚扩张的理论）的理论培训自己看中的少壮派军官，让这些狂热的军国主义青年军官互相串联向老一辈元老夺权。日本陆军中出现了皇道派、统制派、樱会等众多的秘密团体，海军中也产生了条约派和舰队派。在裕仁天皇的默许下，这些秘密团体的成员不光在官场上和元老派明争暗斗，还效法维新时代的浪人武士对敌对的派别成员进行血腥暗杀。“为了天皇、为了日本”成了当时日本最大的政治正确，在狂热气氛的推动下日本在军国主义的道路上越走越远，裕仁天皇成了这些派别争斗的最高裁决者，从而掌握了更多的权力。东条英机就是裕仁天皇这种政策的受益者，东条英机在军校学习的成绩只是中游水准，无论从军中资历、战绩来看他都很难登上日本陆军的顶峰。但东条英机是巴登巴登集团的成员之一（巴登巴登集团是因为成立在德国巴登巴登城而得名，曾任侵华日军总司令的冈村宁次也是该集团的成员），是统制派的重要人物，还得到了内大臣木户幸一的支持，因此得以登上陆相和首相的宝座。

在日本海军内部，赞同《华盛顿条约》和伦敦裁军会议的军官就是所谓的条约派，山本五十六亲自参加了这两次会议，自然被认为是条约派的骨干成员。在担任海军省次官期间，山本五十六遭到了舰队派成员的多次刺杀，他不得不提前准备了遗书。为了保护山本五十六的人身安全，和山本五十六并列为条约派铁三角的米内光政推荐山本五十六接替昔日同窗吉田善吾当上了联合舰队司令。1940 年 11 月 5 日山本五十六和昔日同窗吉田善吾、岛田繁太郎一起晋升海军大将，成了日本海军中地位最高的人之一。需要说明的是无论是舰队派还是条约派，他们都疯狂地鼓吹对外侵略，他们的差别只在于手段的不同。和鼓吹修建大和号、武藏号的永野修身不同，山本五十六更钟爱航空兵，因此他才十分痛快地在《华盛顿条约》和伦敦裁军会议上签字。

仅仅有这些还不足以让山本五十六在对外作战上一言九鼎，山本五十六的赌徒性格才是他的发言权压倒海军军令总长永野修身的关键。山本五十六喜欢用任何方式赌博，扑克、轮盘赌、围棋、棒球甚至事情的发展都是他赌博的手段。关于山本五十六的赌博有两个很著名的故事，可以看出他的性格。第一个故事发生在1910年，还是海军上尉的山本五十六和自己的江田岛海军学校的同窗堀悌吉进行长时间的赌博。堀悌吉是江田岛32期首席毕业生，在智力上似乎从来都超过山本五十六，赌博也不例外，山本五十六一共输给了他3000日元，这是山本五十六在赌场上少有的走麦城，山本五十六当时的月薪是38日元。堀悌吉也是山本五十六最亲密的朋友之一，知道当时的山本五十六还要向家里寄钱缓解经济困难，他十分大度地表示不要山本五十六的赌资。山本五十六却执行要还这笔钱，最后他用了近10年时间还上这笔赌资。另一个著名的赌博故事发生在山本五十六出访摩纳哥期间，他在蒙地卡罗赌场大杀四方，逼得赌场将其礼送出门。上一个享受这种待遇的日本人是日本情报界的奇才、陆军大将明石元二郎，整个东瀛赌坛也只有这两个人受到蒙地卡罗赌场的这种优待。山本五十六在蒙地卡罗扬威后甚至放出了只要给他一年假期就可以在赌场上为日本海军赢得建造一艘战列舰的金钱的狂言。

好赌成性的山本五十六也将战争看成是一场豪赌，偷袭珍珠港就是山本五十六进行的一场豪赌，他把自己和部下的前途都当成了赌注。在偷袭珍珠港以前，军令部部长永野修身制定的计划中将马来亚、印尼、缅甸当成是主要的扩张目标，把英国皇家海军当成是主要对手。山本五十六却认为美国太平洋舰队也会是日本在太平洋地区的主要对手，将菲律宾也当成了扩张目标。由于山本五十六深知美国的工业实力，因此山本五十六主张对美国太平洋舰队进行先发制人的打击。对于参与过对马海战、了解美国工业潜力的山本五十六来说，这是很正常的选择。今天日本国内一直有说法称山本五十六了解美国的实力，所以不愿意主动对美国宣战。这种说法并不正确，山本五十六一直把美国当成了沙皇俄国一样的对手，认为自己可以凭借先发制人的打击成就东乡平八郎一样的事业。在日俄战争爆发的1905年，日本的钢铁年产量是10.7万吨，俄国是255.4万吨，但结果却是日本战胜了俄国，所以在山本五十六这些日本战争狂人看来工业力量的差距对战争胜负的影响不是绝对的。沙俄的主力部队都在欧洲部分，在西伯利亚铁路未通车以前，沙俄并不能全部发挥自己的军力优势，在海军方面沙俄海军中最强的波罗的海舰队也只能远走半个地球被日军消灭。美国也要兼顾大西洋、欧洲和太平洋两个战场，因此山本五十六就赌自己可以通过先发制人的打击削弱美国的力量，为自己在谈判桌上赢得更好的筹码，让日本完成“大东亚共荣”的大业。

当时美国对外政策上奉行孤立主义，不少国会议员甚至主张放弃菲律宾，永野修身的计划实际上更加符合日本人的利益。山本五十六和联合舰队的参谋们为偷袭珍珠港不但制定了详细的计划，还以集体辞职为威胁逼迫永野修身使用自己的计划，这种孤注一掷的作风让永野修身不得不赞同了山本五十六的计划。1941年12月5日山本五十六更是在御前会议上毫不客气地让永野修身少管闲事：“不要插手干预太多，这样会在海军中树立不好的先例。”随着12月7日在珍珠港上空升起的硝烟，山本五十六的威望也在日本国内达到了最高点，日本人相信他是东乡平八郎的继承者，是有着神一样决断能力的无敌统帅。时至今日有些日本人依旧秉承着这种观念，在日本右翼人士看来山本五十六是永远正确的指挥官，日本系列的影视剧、动漫作品都有类似的观点。联合舰队的参谋们也以在山本五十六手下工作为荣，他们在接到军令部的命令时经常以更加熟悉战场实际情况为理由拒绝执行，相反提出了自己的意见。这和美国海军形成了鲜明的对比，尼米兹是太平洋舰队司令当然也希望罗斯福总统在资源上对自己多加照顾，他通过海军参谋部提出了不少提案。罗斯福总统的战略就是先欧后亚，对他的提案并不赞成。尼米兹也只好服从命令，美国海军总参谋部的指令尼米兹也是无条件地执行。

“武士赌徒”山本五十六是当时日本奇葩的决策机制的产物，这个机制只会产生敢于发动战争的狂人，却产生不了知道如何结束战争的战略家。在这种体制下裕仁天皇成了最高精神领袖，包括东条英机在内的军界巨头都要时刻猜想他的意愿。狡猾的裕仁却时时维护着自己的神秘色彩，发出指示大多都使用模棱两可的诗文，不愿意在实际战略上发表具体意见。东条英机是首相和陆相，负责政府运转、为陆军争取利益，但无法干涉海军战略，永野修身经常在海陆军的联席会议上用装睡应付东条英机。永野修身名义上是海军战略负责人，但威望远不及地位在他之下的山本五十六，经常和山本五十六在战略问题上进行争斗。山本五十六和永野修身进行争斗的主力军就是联合舰队和军令部所属的上百名精英参谋，这些为了各自小团体利益钩心斗角的海军参谋制定出的战略规划形成了日本中途岛攻略。

第三节

疯狂的中途岛攻略

山本五十六在1942年4月16日呈送裕仁天皇的中途岛攻略可以说是杂糅了日本军国主义疯狂念头于一身的产物，是各方博弈的产物。珍珠港事件后的几个月内，日本海陆军在几个月时间内攻占了380多万平方公里的土地，统治了1.5亿的人口，暂时解决了困扰日本人的石油、橡胶、锡等资源问题。如何结束战争，如何更加妥善地利用占领地区的资源也成了日本政府和军部必须考虑的问题。1942年2月28日日本企划院（负责日本战时所有人力物力调配的机构）总裁铃木贯太郎（海军大将、前首相）提出了为期15年的建设计划，这个计划的目标是整合日本占领区内的所有资源让日本拥有3000万吨钢铁、2000万吨石油、60万吨铝、2000万吨船舶的工业实力。这个计划让日本海陆军都兴奋不已，但前提是结束在太平洋地区的战争。为此日本陆海军、海军联合舰队和军令部之间对下一步的战略进行了长时间的争吵。

日本海军首先提出要攻占美国在南太平洋的反击基地——澳大利亚，南云忠一对达尔文市的轰炸就是实施这一战略的前奏。日本陆军提出了反对意见，因为根据日本陆军的计算占领澳大利亚需要10到12个师团的兵力，1942年年初日本陆军在太平洋战场上投入的总兵力是10个师团，直到1942年年底日本陆军在太平洋战场也只有15个师团的兵力，这个计划显然不合实际。山本五十六的计划也一样疯狂，他一度对和纳粹德国在中东会师有极大的兴趣，为此他选择了锡兰岛（斯里兰卡）当作进攻重点，试图掐断英国和亚洲的联系。南云忠一在 1942 年 4 月初跋涉数千公里对英国皇家海军进行了空袭，击沉包括“竞技神”号航母在内的多艘英国战舰，英国海军的兵力损失达到了 13 万吨。随着中国远征军赴缅甸参战，日本陆军在攻占缅甸时兵力吃紧，无法抽出多余的兵力参与攻占锡兰，这个计划也被否决了。为了实现军令部和联合舰队梦呓中的战略，南云忠一统领的第一机动舰队已经奔波了大半个地球，在中途岛会战前处于师劳兵疲的状态。

接着军令部提出了切断美国和澳大利亚之间联系的战略方案，这个方案的重点是攻占所罗门群岛、斐济、新喀里多里亚、萨摩亚群岛等岛屿，用航空兵切断美国和澳大利亚之间的航线。这个方案并不需要日本陆军投入太多兵力，因此得到了日本陆军参谋本部的支持，杉山元和永野修身达成了一致。由于攻占锡兰不可行，山本五十六又将攻占中途岛当成自己的主要战略方案，攻占中途岛的目的是吸引美国太平洋舰队进入埋伏圈，从而为攻占瓦胡岛打下基础。军令部和联合舰队意见相左，双方的参

制订作战计划的山本五十六

谋进行了长时间的交锋，三代辰吉中佐也是海军航空兵出身，作为军令部的主要“参赛选手”对山本五十六的计划从用兵难度、后勤补给等方面提出了质疑，更重要的是提出了美国海军可能无视中途岛被攻占的问题。联合舰队的参谋们遇到了强劲的对手后无可奈何，只能重复上司的话语，山本五十六只好使出了辞职这个老办法加以威胁。山本五十六已经是日本的全民偶像，因为反对他的计划造成山本五十六的辞职，军令部的参谋们无疑会受到国民的极大压力，甚至连生命都会受到威胁。结果是山本五十六再次获胜。1942 年 4 月 5 日永野修身被迫同意了山本五十六的计划，在杜立特偷袭前的 4 月 16 日这份作战计划被送到了裕仁天皇那里。接下来山本五十六还要和陆军的参谋进行长时间的讨价划价，他要多争取一下陆军兵力参与自己的计划。杜立特空袭后，日本陆军也不得不配合山本五十六的计划，毕竟天皇的皇居也受到了美国轰炸机的威胁。“上月 18 日的空袭一事，给人一种感觉是，好像一个自鸣得意飘飘然的人，突然上了别人的当那样的尴尬。虽说损失并不大，但帝国首都毕竟蒙受了耻辱。更遗憾的是，连一架飞机也没有击落，实在有失国体。此也无异于给‘一次拙劣的攻击胜过巧妙的防御’作了恰如其分的说明。”这是 1942 年 5 月份山本五十六写给铁杆部下古贺峰一（山本五十六的继承人）的信件，这种心态并不是山本五十六独有的，可以说日本海陆军上下都满怀着复仇美国的怒火。

在这种氛围下山本五十六得到了自己所必需的全部资源，但他必须在自己的计划书上加上两个目的地——阿留申群岛和西南太平洋作为妥协。整个中途岛攻略的核心在于同时取得阿留申群岛和中途岛附近海域的制海权，在重创美国航母编队后山本五十六还将进攻西南太平洋攻占萨摩亚和斐济等岛屿切断美国和澳大利亚之间航线，攻占珍珠港的计划则排在这些目标之后。

阿留申群岛位于北极圈附近白令海与北太平洋之间，是阿拉斯加州的一部分，由超过 300 个细小的火山岛（当中有 57 座火山）组成，长 1900 公里，总面积是 17666 平方公里。阿留申群岛有美国海军的基地荷兰港，被日本军部当成了重要威胁，因为日本军部怀疑美国将在荷兰港故技重施，使用重型轰炸机对日本进行单程轰炸，完成轰炸后这些飞机可以在苏联的符拉迪沃斯托克着陆。攻占阿留申群岛对于日本来说可以得到2000海里（3700多公里）的海上防线，被日本军部当成了确保本土绝对安全的重要举措。切断美国和澳大利亚之间的联系也可以彻底孤立夏威夷的美国驻军，可以间接实现攻占夏威夷的计划，因此山本五十六也同意了这个举动。

战略规划的三要素是时间、地点和作战力量分配，山本五十六的中途岛攻略在时间上分为四个阶段。第一阶段：联合舰队主力部队将从5月26日出发攻占中途岛，一支机动部队将攻占阿留申群岛西部。按照山本五十六的预定时间，攻打中途岛和阿留申群岛荷兰港的战斗都将在6月4日发起。6月4日到6月6日南云忠一的主要任务是摧毁中途岛上的所有抵抗，帮助陆军和海军陆战队攻占中途岛。这两天也是山本五十六制定的攻占阿留申群岛基斯卡岛和埃达克岛的期限，山本五十六攻占阿留申群岛的计划并不是简单的分兵战术。按照山本五十六的估算南云忠一在6月4日一天时间内就可以消灭中途岛上的美军航空部队，6月5日南云忠一可以一边派出战机支援登陆行动，一方面派出10架97式舰载攻击机去侦察美国航母的动向。6月5日到6月6日（东京时间）将是夺岛阶段，日本海军陆战队的1500名士兵将占领中途岛的沙岛，1000名一木清直支队的陆军士兵就登陆东岛。山本五十六将中途岛会战计划也就是K计划结束的时间定为6月16日到20日。在南云忠一轰炸中途岛和战役结束前的10天时间是山本五十六设伏攻击阶段，在山本五十六的计划里这将是另一场对马海战，南云忠一的第一舰队和以“大和”号战列舰为主的第一舰队将一起伏击美国太平洋舰队的主力。第二阶段：完成中途岛作战任务后，大部分战列舰将根据战局发展要么支援阿留申群岛的战役要么返回本土，南云忠一的第一机动舰队将在特鲁克休整，准备7月初进攻新喀里多尼亚和斐济群岛。第三阶段：南云的航空母舰部队将空袭悉尼和澳大利亚东南部其他要地。第四阶段：第一机动舰队与新喀里多尼亚－斐济参战部队在特鲁克会合，补充给养。8月初，联合舰队将以全部兵力配合陆军重兵集团攻打美属波利尼西亚的约翰斯顿岛（该岛距离夏威1130公里，是美国海军航空兵重要的基地）和夏威夷，将美国海军的力量逐出整个太平洋。山本五十六参加过日俄战争，当时沙皇俄国的力量也远远超过日本，由于沙俄的力量分属欧洲和亚洲两个战场，因此在消灭了沙俄的远东军事力量和支援的波罗的海舰队后，沙俄无力将更多的资源投送到远东，日本因此赢得了战争。山本五十六的这个战争规划认为消灭了美国在太平洋地区的军事力量后，美国可能会因为参与欧洲战争而主动与日本媾和，从而为日本完成整合占领区的资源赢得时间。

守住中途岛－约翰斯顿－夏威夷一线，维持美国、澳大利亚、新西兰之间从萨摩亚到斐济的运输线是欧内斯特·J.金海军上将交给尼米兹的主要任务，山本五十六的计划可以说是希望毕其功于一役。从作战时间规划上看，山本五十六的作战计划容错率极低，要求分散部署的联合舰队在多个地点严格地按着时间表完成多个不同的任务，这不但要求己方严格按照计划行事，还要求敌人也在他指定的时间内乖乖地赶赴战场，是典型的日式一厢情愿思维的产物。“兵闻拙速未睹巧之久也”，山本五十六的作战计划像炫耀用兵技巧一样故意弄得复杂无比，更要命的是这个方案缺乏应付突发情况的措施。

在作战地点和作战力量分配上，山本五十六的中途岛攻略也有很大的缺陷。整个攻略山本五十六动员了包括十一艘战列舰、八艘航空母舰、二十二艘巡洋舰、六十五艘驱逐舰、二十一艘潜艇和近四百架海军飞机在内的庞大兵力，联合舰队几乎是倾巢而出。在整个攻略中，这些日本帝国的海上巨兽们分布在南北长2400多公里、东西宽近3900公里总面积接近940万（相当于美国的陆地总面积，占海洋总面积的五十分之一）平方公里的广阔战场上，彼此之间很难互相配合。更为重要的是整个战场都位于北太平洋风暴地区，即使没有暴风雨也经常云雾不断，给缺乏雷达设备的日本海军增添了侦察上的困难。在兵力分配上山本五十六将联合舰队分成了多个分舰队，分舰队之间相隔从几百到数千公里的距离。攻陷中途岛的主力南云中一第一机动舰队分布在中途岛西北方向，主力舰按原计划由六艘航空母舰（赤城、加贺、苍龙、飞龙、瑞鹤、祥鹤）、两艘战列舰（榛名、雾岛）、三艘巡洋舰（筑摩、利根、长良）和十一艘驱逐舰。山本五十六作为联合舰队的司令按照惯例也是第一舰队（战列舰舰队）的司令，他将指挥着以大和、长门、陆奥三艘战列舰为主的舰队，老式航母凤翔号负责这支舰队的防空，水上飞机母舰千代田和日进号按计划将在攻占中途岛后帮助日军加强防御，轻巡洋舰川内号和八艘驱逐舰则组成了这支舰队的警戒线。山本五十六和南云忠一的距离是六百海里，一旦情况有变，山本五十六将难以支援南云忠一。以山本五十六的旗舰“大和”号为例，它的最大航速是 27 节（这是极少数情况下才能用到的速度），没办法在一天内和南云忠一的舰队进行回合。在中途岛附近除了南云忠一和山本五十六的舰队外，还存在着两支舰队。支援舰队的指挥官是栗田健男，他指挥着日本海军第七巡洋舰舰队的四艘重巡洋舰：“熊野”号、“铃谷”号、“三隈”号和“最上”号负责为登陆的船队提供火力支援。支援舰队还有两艘驱逐舰和一些扫雷艇、油船、弹药船，这支舰队距离运送登陆部队的运输舰队非常接近。距离南云忠一更远的是近藤新竹指挥的“诱饵”舰队，这支舰队的主力是“比睿”“金刚”两艘航速高达 30 节的战列舰以及“妙高”“羽黑”“乌海”“爱宕”（音 dang）四艘重巡洋舰，“由良”号轻巡洋舰和 7 艘驱逐舰组成了近藤舰队的警戒部队。“诱饵”舰队被放置在中途岛以西，距离山本五十六的舰队有 500 海里左右的距离。近藤舰队存在的目的就是吸引美国海军进入日本联合舰队的伏击圈，因此特意选择了航速快、船龄老的金刚级战列舰。

中途岛海域作战的日本联合舰队就这样被分散成了难以在一天之内互相支援的几部分，这种分兵为联合舰队在中途岛的失败埋下了伏笔。之所以这么做，是因为山本五十六和联合舰队的参谋们认为一旦摆出全部作战阵容会“吓坏”美国海军，从而导致美国海军龟缩在珍珠港内不出战。

在阿留申海域，联合舰队的兵力也被分成了侦察警戒部队、第二机动舰队等几部分。第二机动舰队的主力是“隼鹰”号和“龙骧”号两艘战斗力相对较弱的轻型航母。按照计划，第二机动舰队在完成轰炸荷兰港的任务后也要紧急前往中途岛战场，和第一机动舰队汇合。警戒部队的主力是第二战列舰舰队，包括追击哈尔西不利的“日向”和“伊势”两艘战列舰，以及在一次大战前开工建造的“扶桑”“山城”两艘老式战列舰。这些警戒军舰的任务是保证美国海军不能援助阿留申群岛，一旦中途岛的任务完成，它们会得到第一战列舰舰队和“翔凤”号航母的支援。尽管山本五十六执行攻占阿留申群岛任务的战舰战斗力相对较弱，但也用掉了近50艘战舰的庞大兵力，极大分散了作战力量。“日向”和“伊势”两艘战列舰虽然舰龄老航速低，一度是日本海军的训练舰，但却是最早装上雷达的军舰，这两艘军舰的缺席大大削弱了联合舰队的侦察能力。阿留申群岛终年多雾，在当时的技术条件下对轰炸机的起降非常不利，美军也始终没有利用阿留申群岛对日本进行轰炸的打算，所以这些兵力实际上是被浪费掉了。

除了水面舰队，潜艇也成了这场军事冒险的关键，一共14艘潜艇被山本五十六用来侦察美军的动向。当时日本海军可以制造出航程远、排水量大的潜艇，在技术领域上处于世界先进水平。但在战术运用上，日本海军非常落后，喜欢使用“静态布防模式”。山本五十六并不是潜艇专家，因此也采用了日本海军的传统战术模式，让这14艘潜艇按照固定的航线进行侦察。

第四节

风起东瀛

这份现在看起来漏洞百出的作战计划并不是山本五十六的专利，在两年后的莱特湾海战中日本海军制订了大同小异的“捷一号作战计划”。日本海军的参谋们很热衷制订这种看起来复杂无比的计划，他们总是想通过一场具有战略意义的决战结束战争。即使是有人指出了计划中的漏洞，他们也会故意视之不见。

在山本五十六的计划推出后，1942 年 5 月 1 日联合舰队的参谋们在大和号上就对这个计划计划进行了兵棋推演，联合舰队的参谋长宇垣缠是整个兵棋推演的裁判。这次兵棋推演持续时间是五天，由一部分参谋充当红方即美国海军，另一部分参谋充当蓝方——日本海军。在推演的第一阶段，红方提交了一份非常详尽的作战计划，这份计划几乎预演了美国海军在中途岛的全部战术。计划假定美国海军提前进入中途岛海域，而日方毫无防范，在南云忠一攻打中途岛时突然从侧翼对日军发动了袭击。按照兵棋推演的结果，毫无防范的南云忠一舰队将有三艘航母被击沉，第一机动舰队的航母总数则是六艘，这个结果意味着攻击方惨败。宇垣缠的应对是将这份计划扔到一边，称美军不可能发动这样的进攻，对于兵棋推演的结果视而不见。红方参谋再三恳求也改变不了宇垣的判决，兵棋推演的前提被严格限定为美国海军只能在预定的时间和地点出现。在兵棋推演的第二阶段又出现了一个例外，中途岛上的美国陆基飞机居然再次对日本的航母舰队进行了重大打击，“赤城”和“加贺”两艘航母被九枚炸弹击中沉没。

宇垣缠再次出手改变了结果，他强行将中弹数字改为了三枚，这样就变成了只有“加贺”号一艘航母被击沉。“赤城”号的舰长一度是山本五十六，也是第一机动舰队的旗舰，更被日本海军认为是当时日本航空母舰中战斗力最强的一艘。为了照顾山本司令官的感情和士气，宇垣缠让“赤城”号在推演中毫发无损。在推演的第三阶段，“加贺”号也“满血复活”，出现在攻击斐济群岛和新喀里多尼亚的战斗中。这种把兵棋推演当儿戏的作风让日本海军毫无应对突发情况的预案，演习真正变成了“演戏”。

作为中途岛战役中的“悲情角色”，南云忠一在兵棋推演中不发一言。南云忠一是“舰队派”的重要成员，和山本五十六处于敌对的派别。南云忠一一度放言要杀死山本五十六的好友井上成美，虽然没有付诸实践，也弄得日本海军中尽人皆知。南云忠一虽然指挥着日本最大的航母舰队，但却不是海军航空兵出身，他是海军中学习的是炮术和鱼雷（日本把鱼雷也称为水雷，南云忠一是水雷专业），对鱼雷作战尤其精通，但对海军航空兵作战却是外行。选择南云忠一担任第一机动舰队指挥官并不是山本五十六的本意，他的当选是日本海军机械的军官晋升条例的结果。在第一机动舰队内部，第二战队的指挥官山口多闻更受山本五十六青睐。山口多

南云忠一（1887 年 3 月 25 日—1944 年 7 月 7 日），日本海军大将（死后追晋）。日本发动太平洋战争时的联合舰队第一航空舰队司令，是偷袭珍珠港及中途岛海战的舰队指挥官。

闻是被山本五十六当成是亲信，但在资历上不如南云忠一，南云忠一是江田岛第 36 期毕业，而山口多闻是第 40 期。南云忠一也是考试的高手，他在江田岛海军学校的毕业成绩是第七名，在海军大学的毕业成绩是第二名。因此在第一机动舰队司令空缺时，按照论资排辈和毕业成绩第一的原则，南云忠一得到了这个职位。虽然当上了第一机动舰队的司令，但南云忠一并不能让山口多闻口服心服。山口多闻在酒醉后殴打过南云忠一，而山本五十六选择了视而不见。南云忠一是山本五十六在珍珠港事件爆发以后战绩最辉煌的指挥官，在联合舰队内部却因为派系的原因成了边缘人物。山本五十六毫不掩饰自己对南云忠一的厌恶，在南云忠一取得珍珠港大捷后评价南云忠一的指挥是："南云如入室小贼，去时自信满满，踌躇满志，一旦得手则心惊胆战，狼狈逃窜。"

客观地说南云忠一作为第一舰队的指挥官拥有良好的组织能力，是地道的航海专家，作为水面舰队指挥官才能很不错。由于缺乏专业背景，在航空作战上他非常依赖第一舰队参谋长草鹿龙之介和航空参谋源田实。南云忠一和他们的配合也很好，取得了一系列辉煌的战果。草鹿龙之介对这份中途岛攻略的评价是："联合舰队的计划给我们规定了两个目标：一是作为以攻占中途岛为主要目标的先头突击部队，二是当敌特混舰队出迎我军时将其歼灭。从整个作战计划考虑，应以前者为主。而且还应考虑到敌可能出动陆基飞机对我发动进攻……我最担心这一点，因为这意味着第一航空舰队要同时追逐两只兔子。"看到宇垣缠如此执着的"作弊"，草鹿龙之介选择了沉默。源田实也被一系列的胜利冲昏了头脑，在接到宇垣缠和黑岛龟人的询问时说出了"铁铠一触"的名言。这句话来源于日本的古诗，意思就是想干就干不要犹豫。这也是符合江田岛军校精神的标准回答，集中体现了日本军国主义唯心的实质。江田岛军校非常讲究精神反省，它的五条反省标准的后三条分别是气力无缺否（是否精力充沛吗）、努力无憾否（是否已努力做到最好）、亘勿懈怠否（是否没有变得懒惰），任何强调客观困难的话都会被戴上缺乏主动精神的大帽子。在当时日本军国主义的氛围内，面对上司对困难的提问标准的答案是最大程度的展示自己战胜困难的决心，而不是费尽心思去想不符合上司心意的解决方案。自始至终，南云忠一都没有提出任何反对意见，但在私下里却对自己的朋友表明了自己的担心。他说过，“与其被烙上一个懦夫的印记，还不如去中途岛面对死亡”，在内心深处他可能已经觉察出了计划失败的可能性。

不光是联合舰队的指挥官们沉浸在军国主义的迷梦中不能自拔，当时日本的大部分国民也深受军国主义的毒害甘当日本战争机器的螺丝钉。整个日本就像是一个疯狂扩张的蚁巢，日本海陆军的士兵和将官就是兵蚁，普通的民众则是工蚁，一种名叫军国主义扩张思想的毒素是支撑这个蚁巢所有成员行动的动力。对外进行军事豪赌成了日本从明治维新到“二战”结束前最主要的国策，一连串的军事胜利让大部分日本人都相信只有充分发挥每个国民身上的“大和魂”日本就能一步步走向胜利。国家神道教和武士道精神这两个近代神话成了当时日本人行动的主要依据，“二战”前的日本可以说是一个具有了近代工业的邪教国家。国家神道教赋予了日本天皇最高精神领袖的地位，成了日本人必须仰视的“现人神”，祭祀明治天皇的明治神宫成了日本人最大的三大神社之一。除了造就天皇这尊大神，国家神道教还造就了很多大大小小的军神。日本的神道教是一个泛神的宗教，名人、妖精、冤魂，甚至用旧的物品都可以在某种机缘下成为日本人的神灵，和中国不同，日本的神灵没有道德标准，只要得到了神社的认定哪怕是十恶不赦的恶人也可以成为神灵。国家神道教创立以后几乎将日本所有的神社收编，将自己对于神灵的定义强加给日本国民。在国家神道教的教义中除了日本自古以来就有的大小神灵，为国献身得到天皇嘉奖的亡魂也可以成为新的神，这其中最多的神就来自于日本对外战争中的亡灵。臭名昭著的靖国神社就肩负着为日本批量制造新神的任务，每一个在日本对内对外战争中战死的军人都被它当成了神灵祭祀。和日本旧有的神灵观一样，靖国神社根本就不管自己的军人对外品行如何，采取的是兼收并蓄的政策，因此才有了日本军人上战场前最常用的“九段坂”（靖国神社所在地）这句话。除了这些阵亡的英灵神，日本军队在每一次的对外扩张中都会树立起新的军神，除了众所周知的楠木正成、乃木希典外，仅仅在一·二八事变（日军在1932年进攻上海）和珍珠港事件中就诞生了多位军神。获封军神最主要的依据为了天皇大业献身的牺牲精神，一·二八事变中三名拿着炸药包决死冲锋的三名陆军士兵（肉弹三勇士），偷袭珍珠港事件中战死的海军袖珍潜艇士兵就是最好的说明。这种批量制造的“军神”鼓励着众多日本军人为了天皇的伟大事业充当炮灰，也让日本军人对“牺牲”和严格执行上级命令有着病态的执着。因此备受排挤的南云忠一才对山本五十六的计划不发一言，对阵亡疆场感到异常轻松。武士道精神也是一个日本在近代制造出来的全民神话，《武士道》一书是新渡户稻造在1899年写成的英文著作。这本书总结的武士精神实际上在日本大部分时代都不存在，历史上武士阶层的发展和壮大本身就是对天皇统治的一种背叛。可以说历史上至少百分之九十九的武士并不忠于天皇，在战国时代的大部分时期武士与其说是效忠于自己的领主还不如说是效忠于土地和利益，直到1877年日本的旧武士阶层还因为自身的利益发动了西南战争。武士道精神成为日本全民的精神指南时，真正的武士阶层已经消失了二十多年。这种新发明的武士道精神其实是对日本军国主义的士兵洗脑用的，它宣称的主要内容就是鼓励士兵、军官效忠上级，鼓励平民为日本帝国的战争忍耐、劳作，是日本森严的等级制度的一种体现。日本在近代的壮大几乎是建立在周边国家失败的基础上，朝鲜半岛和中国东北的矿产资源为日本提供了工业发展的动力，被日本大炮轰开的中国市场更是让本来不盛产棉花、丝绸的日本有了发展工业的第一桶金。中日甲午战争、日俄战争两场战争的结果是日本战胜了貌似比自己强大的多的对手，让日本军方产生了自己的民族好像真的受到了天照大神保护一样的错觉。在这两种唯心思想下指导的日本海军人员也因此十分看重精神的力量，认为只要自己的所作所为符合大和魂精神，日本列岛上空的八百万神灵自然会保佑自己的计划马到成功，因此才有了“大和”号上的闹剧。

日本经济发展的畸形也是日本走向军国主义的推动力之一，畸形的精神支柱、畸形的物质基础决定了日本的畸形的战争政策和战争走向。日本的工业发展对外界资源的依存度极高，1936年日本仅仅从英国的殖民地进口了相当于自身总需求量58%的铁矿石、34%的生铁、72%的铝、43%的铅、66%的锌、32%的生胶、94%的羊毛以及37%的棉花。也正是1936年以后日本的出口工业遭到了重创，走上了大规模军事冒险的道路，就像日本用占领中国东北缓解1929年到1933年的经济危机一样。纺织工业一度是资本主义的代名词，也是日本大力发展的产业，在1936年以前生丝和纺织品是日本出口量最大的工业品，相当于汽车和半导体产业在今天日本工业中的地位，日本的生丝出口占据了日本出口额的三分之一。1935年美国杜邦公司合成了尼龙，这种新型化学产品拉制的纤维在结构和性质上接近于天然丝，在外观和光泽上也可以和天然丝抗衡。生丝产业出口大减，让日本从贸易顺差国变成了逆差国。在1929年至1933年的经济危机后，英法等殖民帝国加强了对殖民地的搜刮力度，对日本的出口也大加限制。而日本对中国的扩张却让自己对石油、生铁、铜（子弹和炮弹必需）、铝（飞机专用）、机床（工业母机，大规模生产的必需品）等资源有了极大的需求。“三个月灭亡中国”的迷梦被打破后，日本不得不进入了战时经济体制，妄想用压缩居民消费、扩大军工产业生产的方式征服中国，仅在1937年当年日本就把相当于国民收入28.2%的财富投入到了战争中去。在1937年日本发生了3000起以上的工人、农民因为生活困苦发动的群体事件，这些事件都被日本的宪兵、警察血腥地镇压了。战争成了日本当权者解决国内外一系列问题唯一的手段，任何质疑战争的人都受到了镇压，轻则被当成是“非国民”遭到周边人的敌视排挤，重则会在监狱中不明不白地死去。

日本的轻工业是当时出口创汇的主力，日本重工业则成了维护战争机器运转的关键，日本重工业的发展是日本国家意志的产物，用重工业打造的战争机器为日本解决原材料和市场的瓶颈是日本长期以来的战略。战争对明治维新日后的日本来说是一场非常有利的豪赌，不但可以盈利，更可以解决国内的一系列经济、社会问题，所有的国内反对势力都可以在战争时期用爱国的口号轻易地解决掉。1926年裕仁天皇即位之初，日本的钢产量刚刚超过100万吨，1929年钢产量也只有130万吨。到了20世纪40年代日本的钢铁产量超过了700万吨（生铁200万吨，钢500万吨）。但这还不能满足日本战争机器的需要，为了满足侵华战争的钢铁需求从美国进口废旧钢铁甚至成了日本当时最大的进口生意之一。这些钢铁并没有用在改进民生和发展生产上，日本社会当时民间汽车保有量只有20多万辆，就连对工业生产至关重要的机床日本也只有23万多台，在日美断绝经济往来以前进口车床也是日本外汇支出的大头。日本发展重工业最大的用处就是扩军备战，日本的海军和陆军每年都要用掉200万吨钢材，几乎占到了钢产量的百分之四十，仅联合舰队的旗舰“大和”号就用掉了日本钢铁年产量的百分之一，日本军国主义的穷兵黩武可见一斑。简单来说日本当时的产业结构就是用丝和棉纺工业换取自己所需要的大部分外汇资源，用政府投资支撑起为战争服务的重工业和军火工业。这种产业结构维持下来的唯一理由就是战争，只有战争胜利日本轻工业才可以得到更多的资源和市场，才能为日本重工业的发展提供更多的资源。这条发展道路在1940年前后走到了终点，日本因为对外出口大减、进口增加已经让自己的外汇储备和黄金储备基本见底。在这个前提下，日本在中国大陆战火正酣之际就又发动了规模更大的太平洋战争，这是一场豪赌自己可以建立起更大的封闭经济圈的豪赌。为了消灭眼前弱小的敌人，在战争未结束前主动挑衅比自己强大数倍的敌人，让更为强大的敌人为自己的战略让路，这就是日本人的战争规划。如果用正常人的思维这种做法简直就是自取灭亡，但在被军国主义洗脑的战争疯子看来只要神灵的庇护再疯狂的战略也可以在他们手中实现，山本五十六的中途岛攻略就是这一思想的具体体现。

在日本20世纪三四十年代的战争中普通民众的角色是为国家提供必要的税收和炮灰，每天都有不少日本家庭的男主人公被一纸征兵令送到陌生的战场，在家乡他们还是循规蹈矩的日本国民，到了异国他乡就变成了人形的战争野兽。留在国内的民众也要忍受战争带来的生活水平大降低，在1942年日本人平均年收入从战前的每年700日元下降到了370日元，每天的口粮也降低了四分之一左右。战争的飓风就在这种气氛下逐渐形成，为这股飓风增添动力的还有一个著名的飞机设计师，那就是零式战机的设计者掘越二郎。真实历史中的掘越二郎并不是动漫电影《起风了》中不关心战争的科学家，他十分关心自己的作品在战争中的表现。南云忠一从锡兰返回日本后不久就遇到了掘越二郎，掘越二郎十分耐心地向零式战机的飞行员询问飞机的战场表现，他的所作所为像极了日本古代向武士询问“辻斩”（辻音 shi，即日本武士斩杀平民试刀）情景的铸剑师。和掘越二郎一样为战争奋战的还有宫崎骏的父亲宫崎次郎，他是一个不自觉的战争螺丝钉。宫崎次郎在 1939 年拒绝跟随自己所在的联队到中国战场，按照日本当时的社会氛围他会被当成“非国民”，整个家庭都会受到周围人士和宪兵的特别关照。还好他的哥哥开办了“宫崎航空兴学”工厂专门为零式战机生产部件，他成了工厂主管才逃过一劫。在即将到来的中途岛战役中掘越二郎的杰作零式战机也有上佳表现，但也在不知不觉中逐渐走向了末日。

战争的风暴正在日本形成，山本五十六将美国太平洋舰队当成了自己的猎物，整个日本也寄希望于这一战可以让美国退出太平洋战争。战争的另一方，美国太平洋舰队司令尼米兹也做好了应战的准备。

第五节

应战者——尼米兹

美国太平洋舰队司令尼米兹，是一个个性和山本五十六截然相反的军人，他的性格特点也影响了即将爆发的会战。

尼米兹出生在 1885 年 2 月 24 日（即情人节），比他的对手山本五十六小一岁。尼米兹出生在德克萨斯州的山城小镇弗雷德里克斯堡，是德国移民的后代。尼米兹的祖父查尔斯 · 亨利 · 尼米兹 14 岁就在商船上当水手，在德州定居后，查尔斯 · 亨利 · 尼米兹还建造了一个酷似轮船的旅馆，这

切斯特 · 威廉 · 尼米兹（1885 年 2 月 24-1966 年 2 月 20 日），美国海军名将，十大五星上将之一。“二战”时太平洋战区的盟军总司令。

是尼米兹家族最早和海洋的缘分。尼米兹的父亲切斯特虽然体弱多病，却克服了缺点在德州干上了传统硬汉的职业——牛仔。牛仔这个职业并不是简单的放牧野牛，他们在放牧途中经常和印第安人、同行的牛仔产生冲突，很多牛仔因此练就了好枪法。切斯特新婚后五个月就与世长辞，留下了遗腹子切斯特·威廉·尼米兹。8 岁前尼米兹被爷爷抚养，爷爷的海上经历成了尼米兹最早的航海启蒙。8 岁后尼米兹的母亲嫁给了他的叔叔威廉·尼米兹。威廉·尼米兹有工程师资质证书，给尼米兹打下了良好的教育基础。由于威廉·尼米兹并不得志，青少年时代的尼米兹不得不在学习之余努力赚钱，他当过姑姑宾馆的服务员，在肉铺里帮过工。和武士遗风浓厚的山本五十六相比，尽管尼米兹的远祖也是骑士出身，但尼米兹身上却多了谦虚平和的平民色彩。

1901 年 9 月 7 日尼米兹考进了安纳波利斯海军学院，和山本五十六一样尼米兹也是海军方面的高才生，他的毕业成绩也是第七名。同山本五十六类似，尼米兹毕业的 1905 届也是美国海军中将星云集的一届，114 名毕业生中有 16 位得到了少将以上的军衔，这也奠定了尼米兹在美国海军中的人脉基础。尼米兹担任太平洋舰队期间他平级的大西洋舰队司令罗亚尔·伊·英格索尔就是他的同窗，负责西南太平洋海区盟军海军部队和东海岸边防军弗尔法克斯·利里也是他的同级生。尼米兹毕业后先是在“俄亥俄”号战列舰上担任实习生，在实习期间尼米兹随着“俄亥俄”号远航到了日本，还受到了刚刚在对马海战中大获全胜东乡平八郎的接见。这是尼米兹第一次和日本海军的接触，东乡平八郎给他留下了良好的印象。1934 年东乡平八郎去世时尼米兹担任“奥古斯塔”号巡洋舰舰长访问日本时正好赶上了东乡平八郎的葬礼，尼米兹作为美国海军的代表参加了东乡平八郎的葬礼。

和山本五十六一样，尼米兹也没有走传统的海军军官晋升的路线，他是海军两种新型武器——潜艇和航母的作战专家。1909 年 1 月 25 日，尼米兹被调到潜艇第 1 支队任职，任美国第五艘潜艇“潜水者”号的艇长。潜艇作战是当时海军的新鲜话题，“潜水者”号建立之初美国海军甚至要求设计者霍兰为这艘潜艇增加水面作战功能。尼米兹在军校学习期间就在约翰霍兰设计的第一艘服役潜艇“霍兰”号学习过，他的毕业成绩中数学、工程学又是全校最高成绩，因此美国海军选择了他为潜艇的使用探路。按照当时世界各国海军的传统被看好的年轻军官都会到战列舰上任职，走上驱逐舰舰长–巡洋舰艇长–战列舰舰长的道路，走完这条道路的军官当上将军的可能性最大。尼米兹也想走这条道路，他多次要求去战列舰上任职，但都遭到了拒绝。尼米兹只好把全部精力都用来摸索潜艇技战术方面，很快成了潜艇的方面的专家，1910 年 2 月 2 日，尼米兹转至“真鲷”号潜艇（Snapper）担任艇长。1911 年 10 月 10 日，尼米兹因为在潜艇技战术方面的专长跳过中尉军衔，直接晋升为上尉，同时还被任命为第 3 潜艇舰队与“独角鲸”号潜艇（Narwhal）的指挥官。1912 年，27 岁的尼米兹就以海军上尉的军衔应邀到自己的母校安纳波利斯海军学院讲授潜艇课程，他在美国海军内部奠定了潜艇权威的地位。尼米兹通过长期的一线实践认识到了汽电发动机的不足，建议美国海军引入较为安全的柴电发动机。1911 年 11 月尼米兹还作为军方的代表亲自参与了“飞鱼”号潜艇的建造，这艘潜艇未来的艇长正好是尼米兹本人，也是美国第一艘使用柴电技术的潜艇。“飞鱼”号的成功建造让美国海军开始重视柴电技术，尼米兹作为军方的代表进入了派往德国学习柴油发动机技术的三名专家的行列。经过学习后尼米兹回国，被分配在纽约海军船厂的机械部门工作。这时的尼米兹已经成了全美国最顶级的柴电技术专家，1915 年柴油发动机公司甚至为他开出了年薪 2.5 万的跳槽工资，在遭到拒绝后甚至表示可以提供最高年薪 4 万为期十年的合同。当时 20 美元价值一盎司黄金，柴油公司开出的合同已经可以媲美当时好莱坞最顶级的明星合约（三十年代詹姆斯斯图尔特的周薪是 350 美元），尼米兹出于对海军的热爱拒绝了柴油公司的邀请。一次世界大战爆发后德国潜艇的战术让协约国损失惨重，英国海军很长时间内都对神出鬼没的德国潜艇部队无可奈何，英伦三岛一度被德国潜艇逼到了饥饿境地。在大西洋舰队潜艇部队服役的尼米兹注意到了德国同行的长处，并首先创造出了潜艇海上加油方法。一战中美国的潜艇部队并没有参战的机会，但在“二战”中美国潜艇部队的战绩仅次于德国，尼米兹作为美国海军最顶级的潜艇技战术专家可谓是功不可没。在1942年的中途岛战役中尼米兹在潜艇战术的使用上毫无疑问大大超过了山本五十六，后者虽然有技术上并不落后于美国的“伊”式潜艇，但在潜艇的使用方法上确实外行。

在航母作战上，尼米兹同样是顶级高手。和山本五十六不同，尼米兹并没有当飞行员的经历，也没在海军航空兵部队建立自己的独立王国，他对美国航母战术最大的贡献就是完善、推广了“环形编队方案”。“环形编队方案”的提出者是尼米兹的同窗罗斯科·C.麦克福尔海军中校，这个方案最早是为战列舰编队提出的。一次世界大战中的尼德兰海战是人类历史上规模最大的战列舰之间的对决，这场交战也表明了传统舰队方形编队在防御上的不足。因此美国海军开始试验把担任护卫任务的巡洋舰和驱逐舰，围绕战列舰摆成向心的若干环形队形的战术。编队的舰只易于展开成纵队，且相对节省时间。尼米兹对此评价道：“环形队形非常机动，给我们的印象很深。”环形编队的缺点是难以保持编队位置，除了在基准舰正前方、后方或横向的舰只外，保持编队队形是一项艰巨而又花费时间的任务，不仅需要经常变换航向，而且还要经常变换航速。1923年6月，尼米兹在担任战斗舰队（太平洋舰队前身）副参谋长期间，用“兰利”号航空母舰和其他军舰进行了多次圆形编队战术演练，为以后这种战术的推广做出了突出贡献。这项最早被用来保护战列舰的战术之所以被尼米兹在航母身上做实验，是当时的航母地位远没有战列舰高，“列克星敦”号“萨拉托加”号航母本来就是战列巡洋舰改造的航母，而尼米兹用来演练新战术的美国第一艘航母“兰利”号还是运煤船改装的。1930年福雷斯特·P.谢尔曼少校正式提出了以航空母舰为中心，编成环形的特混舰队队形。这个提议受到早已有了大量演习经验的尼米兹的支持，但航母依旧没有正式配属的驱逐舰和巡洋舰，海军中的女王依旧是战列舰。在珍珠港事件爆发前，尼米兹是最具有航母环形编队经验的美国指挥官。环形编队战术在进攻时具有调度复杂的缺点，但在防御敌人的空中攻击时这种战术可以充分依靠重型军舰的联合火力，是一种很有效的航母编队防御战术，在航母编队遇到实力比自己强劲的对手时非常有用。珍珠港事件后尼米兹担任美国太平洋舰队司令，不但把环形编队战术在美国海军中推广，还把这种战术教给了英国皇家海军。在航母战术使用上，山本五十六喜欢集中航母使用方形编队战术，这样可以最大限度的发挥航母舰载机的威力。日本联合舰队的飞行员由于长期在中国进行轰炸，练就了一身高于美国海军飞行员的轰炸本领。在太平洋战争初期，日本第一机动舰队在对英国、美国海军作战中多次取胜，各个航母之间的配合程度也超过了美国海军。在航母进攻战术上，山本五十六比尼米兹更有优势。但在防御反攻作战上，尼米兹更擅长。中途岛会战结束后的 1943 年，日本海军也开始使用尼米兹的环形编队战术就是最好的证明。

尼米兹在中途岛战役前还在另一个不引人注目的领域为战胜以山本五十六为主的日本海军做好了铺垫，那就是主持加利福尼亚大学伯克利分校后备军官训练团的工作。这项工作是美国在 1925 年 3 月经国会批准，美国海军于 1926 年 7 月起在哈佛大学、西北大学、华盛顿大学、耶鲁大学、乔治亚理工学院和加利福尼亚大学实施的。这项工作为美国培养了大量后备军官，为“二战”中美国海军的大扩张做好了软件上的准备。由于该政策的切实有效，时至今日美国军队中百分之七十的军官接受的都是后备军官教育。尼米兹在加利福尼亚大学伯克利分校教学期间，发明了天天测验、天天记分的制度。事实证明这种方法对军事教育有很大的提高作用，尼米兹的母校安纳波利斯海军学校也长期采用了这种方法。这种教学模式不但扩大了美国海军的军官基础，更重要的是改变了旧军校系统与世隔绝的弊端，让美国军官的眼光不再狭隘，和日本的军官教育形成了鲜明对比。日本的军官教育效法欧洲，特点是精英色彩浓厚。19 世纪和 20 世纪初的欧洲军官阶层还是一个几乎和民众脱离的特殊阶层，日本陆军的榜样普鲁士军官教育和日本海军的标杆英国皇家海军教育都有这个特点。日本海军的各个军官学校几乎包揽了从航空、舰船、后勤、医疗、工程等海军所必需的各种教育，军官阶层作为日本特殊的阶层几乎与世隔绝，凡事只以自己小团体的利益作为考虑的重点，形成了僵化、激进的思考模式。和狂热的赌徒山本五十六不同，尼米兹更喜欢为人师表，讲坛一直是他的最爱。虽然尼米兹也擅长扑克，而且在和人交手时也经常获胜。但尼米兹仅仅是把扑克当成是普通的娱乐活动，一掷千金不顾一切地豪赌并没有出现在尼米兹的牌局里。

和狂热的敢于拿自己和国家的前途做赌注、处处和上司明争暗斗的山本五十六不同，尼米兹的晋升之路更依赖良好的人际关系。尼米兹少年时代起就在旅馆里打工经常接触南来北往的客人，他学会了如何在最短的时间内了解客人的需要和性格，懂得如何在保持自尊的同时尽可能地得到更多人的认同。推销员也是少年时代的尼米兹最喜欢接触的人，他一度也想从事销售工作，尼米兹从他们身上学会了如何向他人推销自己的想法，在尼米兹的职业生涯中并没有出现山本五十六那种动辄辞职的情况。对下属尼米兹总是保持着师友风范，经常带领下属参加各种体育活动，用集体荣誉感凝聚人心。无论是在潜艇部队，还是在担任“奥古斯塔”号巡洋舰舰长期间，尼米兹的部下总是能在他的带领下赢得各种荣誉。尼米兹也很有和上级交往的天赋，他在实习后留在菲律宾，在塔夫脱访问菲律宾期间成了专门的接待人员。塔夫脱家族是美国势力最大的政治家族之一，也是铁杆的共和党人，作为职业军人尼米兹对美国的政党政治采取了不过问的态度。他在陪伴塔夫脱期间为这个美国历史上最胖的总统（1909 年塔夫脱担任美国总统，体重是 145 到 160 公斤）特意准备宽大的座椅，经常和塔夫脱谈论家乡德克萨斯州的风光趣事，和塔夫脱建立了良好的友谊。尼米兹在海军中的伯乐有三个，第一个是罗比森将军——一战期间的大西洋舰队潜艇部队司令，由于尼米兹在大西洋舰队潜艇部队所做出的贡献，他成了尼米兹的第一个伯乐。一战结束后，罗比森提请海军部为尼米兹颁发一份“成绩优异”的奖状。尼米兹的第二个伯乐是美国总统富兰克林·罗斯福，富兰克林·罗斯福担任过海军部次长，是美国海军主要的政治靠山之一。富兰克林·罗斯福在 1939 年 8 月让尼米兹担任了海军航海局局长，海军航海局就是后来的海军人事局，这个职位给尼米兹后来的发展打下了坚实的人脉基础。1941 年年初富兰克林·罗斯福更是力排众议让尼米兹担任太平洋舰队司令，这意味着尼米兹将超过 50 多名资历比自己老的将军指挥美国一半以上的海上力量。尼米兹拒绝了这个提议，把机会让给了自己的好友金梅尔。珍珠港事件爆发后，富兰克林·罗斯福总统再次任命尼米兹担任太平洋舰队司令，按照资历排在他前面的将军依旧有 28 个。这一次尼米兹没有推脱，他接手了元气大伤的太平洋舰队。1941 年 12 月 31 日早上 8 点，尼米兹正式在“茴鱼”号潜艇上就任美国太平洋舰队司令。按照当时的惯例，舰队司令一般会在最大的战列舰上就任，山本五十六虽然反对修建“大和”号，但在“大和”号建成后还是毫不犹豫地将旗舰变成了“大和”号。尼米兹这么做用他自己的话说就是：“因为日军进攻珍珠港后没有留下其他可用的舰艇甲板了”，专业、冷静、为人谦和的尼米兹用这种方式提醒自己的部下一定要报珍珠港的一箭之仇。就在山本五十六磨刀霍霍之际，尼米兹也逐渐有了应对之策。

第六节

美日电波斗智

尼米兹应战山本五十六的第一个转机来自于海军情报部门，来自于约瑟夫·罗奇福特海军中校领导的战斗情报局和海军将士共同的努力。

美国海军非常重视无线电侦察，在对日情报作战上取得了先手。1923年美国海军就组建了以劳伦斯·萨福德为首的密码通信科（代号OP-20-G），1924年8月这个部门将无线电侦察的主要目标对准了日本，在该部门的建议下美国海军情报处在关岛建立了专门负责侦听日本海军无线电通信的侦听站。1937年美国海军部门第一个在太平洋地区建立了无线电测向站，对日本海军的活动区域和航线进行跟踪。美国海军的无线电侦察单位在总部设有作战部通信处科，专门从事对日无线电通信侦察。他们还在夏威夷第14海区设立无线电侦察分队，通过对日本海军无线电通信的侦察截收、密报破译和测向定位，获取了日本海军在太平洋上的兵力部署、战备训练等重要情报。随着美日关系日益恶化，美国海军先后在西海岸的西雅图以及太平洋的瓦胡岛、阿留申群岛、中途岛和萨摩亚群岛以及菲律宾等地设立了无线电侦听和测向站，主要用来侦听日本海军和外交电报，以及测定日本联合舰队在太平洋海区的活动情况。从年底开始，美国海、陆军密码破译部门开始协同破译当时日本使用的密码体制——“紫色机器”。经过20个月的艰苦努力，终于在1940年8月仿制出了一向被日本军方和外务省认为是“牢不可破”的“紫色机器”，并首次破译了日本外务省用这种机器加密后拍发的密码电报。同时，从事情报侦察和破译工作的人员也大为增加，到1941年秋，仅在华盛顿总部工作的美海军无线电技术侦察和破译人员就有700多名。在华盛顿裁军会议等外交谈判上，美国外交人员凭借手中掌握的情报取得了优势。1940年1月20日下午，日本商用油船“日新丸”刚刚驶入旧金山港，美国海军的情报人员就以海关人员的假身份强行对整艘船进行了毒品检查。他们闯入船长室，逼着日本船长从保险柜中拿出了《船舶密码本》。这份密码本是日本海军为了配合作战给民用船舶编写的，在海军交战中所有的商船船舶也是海上力量的重要组成部分，日本海军更是将每一艘油船都当成了自己的征用对象，因此这艘商船上有日本海军的密码本并不为奇。日本船长很快向旧金山日本领事馆报告了此事，美国方面在几个小时后归还了密码本，密码本的全部内容自然被进行了拍照留念。

随着日本开始在亚洲进行扩张，日本人也组建了庞大的情报部门，开始有组织地搜索美国情报。日本搜集美国情报的途径原先是由驻美武官负责，永野修身、山本五十六等高级将领都在担任驻美武官期间搜集了大量的美国情报。他们搜集的情报基本上都是公开情报，这也是各国情报工作的重点。随着30年代日美关系开始紧张，日本加大了对美情报搜集力度。到太平洋战争爆发前，日本海军驻美常驻武官数量达到了18名，加上以各种名义进入美国的武官，日本海军对美情报搜集的人数达到了30多名。1936年日本人在埼玉县建立了庞大的侦听站，并在各地安装了多部无线电测向机。在美国的邻国墨西哥，日本海军以捕鱼的名义租下了不少海域，用改装过的渔船搜集美国无线电信号。巴拿马运河是美国海军出入两大洋的必经之地，日本海军通过成立日本籍理发师协会将自己的间谍也安插其中。1941年9月日本海军情报部门通过大规模招收大学毕业生的方式将自己的规模扩大了数倍，在人数规模上超过了自己的美国同行。1941年10月份，日本海军正式建立了以东京为中心的对美无线电侦察网，千岛群岛、北海道、横须贺、小笠原、特鲁克岛等地都遍布了日本的无线电侦听测向站。为了保证偷袭珍珠港成功，山本五十六还特意让江田岛海军学校的学生提前放假，迷惑了美国情报部门。在偷袭珍珠港的路上，第一机动舰队采取了无线电静默，让美国在太平洋上的监听站无用武之地。

尼米兹到达珍珠港后一度对海军情报部门的工作十分失望，认为他们没有发挥出应有的作用。尼米兹在认识到侦听、破译的重要性后，变得“非常合作，非常体谅”。罗奇福特也需要一些合作和体谅，因为当时华盛顿海军总部的某些机构对他们的工作仍然很冷淡。但是，尼米兹是个“有头脑的领导人、真正的知识分子”，他理解情报人员的心理，意识到情报工作的价值后，就坚决主张让罗奇福特完全自由地进行他那十分重要的、即便是很不合常规的活动。“你应该告诉我们日军打算干什么，”他对罗奇福特说，“由我来判定这些情报对我方是否有利，然后相机行事。”负责海军无线电监听的约瑟夫·罗奇福特海军中校也用自己部门的业绩扭转了尼米兹的印象，罗奇福特是海军战斗情报局（代号为 OP2002）的局长，是破解密码和保密的专家。罗奇福特在 1925 年就参与了密码通信科破解日本海军密码的工作，被情报部门认为是罕见的天才。罗奇福特精通数学，对日本文化也很有研究，在休息时他喜欢和下棋。罗奇福特承认自己“组织工作做得很差，档案工作搞得不好，不过，我把材料统统都记在脑子里了”。罗奇福特的部下也都很有特色，因此这个团队堪称“怪人”集中营。这些“怪人”在距珍珠港 1010 号码头不远的旧行政大楼的地下室内办公，为了保密他们的工作场所常年不见天日。这些“怪人”的直接领导者是海军少校托马斯·H. 戴尔，罗奇福特称他是“海军最好的密码专家，只要吃几片药，他就可以不睡觉地连着干上三四天”。戴尔手下的译电员约瑟夫·芬尼根海军少校被罗奇福特称赞为“简直是个奇才！明明是张白纸，可他却能把它译出来，就像一个真正的魔术师可以凭空把东西变出来一样”。凝聚了众多“怪人”的地下室里还有从夏威夷大学借调来的数学教授贾斯帕·霍姆斯，他负责测定日本舰队的位置，并将他们标出。1942 年春这些“怪人们”通过长时间的监听已经成了联合舰队发报员们“最熟悉的陌生人”，他们仅从发报习惯——速度是快、是慢、还是中等，指法是重、是轻、还是不轻不重——就能辨认出是日方哪个报务员在发报。例如，他们知道，“赤城”号报务员指法很重，就像是坐在电键上蹦跶一样。

通过长时间的无线电追踪，罗奇福特的小组逐渐掌握了日本联合舰队主要军舰的活动位置，他们测量的误差不超过三四百海里，这在当时的技术条件下是非常惊人的。正是有了这种技术支持，哈尔西和杜立特才有了空袭东京的壮举，因为罗奇福特的技术小组已经提前确定了南云忠一的行踪。

罗奇福特破解日本海军密码的成功也离不开美国海军的帮助，美国海军击沉并打捞日本潜艇“伊 –124”号对破解 JN–25B 密码起到了推动作用。日本海军的潜艇部队技术上非常先进，他们新造的“伊”式潜艇是“二战”潜艇中尺寸最大、航程最远的潜艇。但在战术运用上，日本的潜艇就非常落后，在“二战”中日本潜艇取得战绩可以用乏善可陈来形容。日本海军将潜艇当成是监视、跟踪的武器，1940 年以后还增加了逐渐削弱敌舰队的任务，即在跟踪和保持接触过程中，伺机前出到敌舰队的前方去袭击敌人。对于潜艇削弱敌人运输线的功能，日本海军认为是多此一举，他们认为只要水面舰队占了上风就可以切断敌人的运输线，对自己的潜艇部队能否切断美国这个大陆国家的运输线十分怀疑，在日本军令部的安排中潜艇部队最大的用处是在美国反攻时发现敌人、削弱敌人。珍珠港事件前日本海军的袖珍潜艇对珍珠港进行了侦察，12 艘袖珍潜艇在攻击中没有一艘返回。这种自杀式的侦察和袭击很对日本军方的胃口，日本潜艇部队也有了自己的“军神”，大大提升了自己的士气。在昔日战友的鼓励下，日本潜艇部队也十分活跃。。1941 年 12 月 10 日和 11 日，装有 80 毫米火炮的日本老式潜艇“吕 –13”号、“吕 –64”号和“吕 –68”号炮击了中太平洋豪兰岛和贝克岛上的美军船式水上飞机基地。1942 年 1 月下半月，“伊 –24”号完成了对中途岛的炮击任务。1942 年 2 月 24 日，“伊 –17”号驶入洛杉矶以北的圣巴巴拉海峡，在日落前五分钟浮出水面，对美国西海岸进行了第一次炮击，慌乱中的美国人甚至以为遭到了空袭。“伊 –17”号发射十发炮弹后，便在水面以全速退出战斗。

日本潜艇部队的嚣张作风也让他们付出了代价，“伊 –70”号、“吕 –66”号、“吕 –60”号相继在执行任务中意外沉没。1942 年日本潜艇“伊 –60”号在巽他海峡遭遇了英国运输船队，在偷袭英国船队时和护航的英国海军

“丘比特”号展开了激战。“伊 –60”的舰长和自己的同行一样十分喜欢用潜艇上的火炮和敌人展开水面大战，这种以己之短击敌之长的战术自然让“伊 –60”落得了被击沉的下场。由于英国海军在附近海域迅速遭到了战败，这艘潜艇也没成为盟国的战利品。真正给美国海军送来密码大礼的是“伊 –124”号，它在 1942 年 1 月 16 日达到澳大利亚的达尔文海域布雷，1 月 19 日发出了“发现敌艉船进港”的最后电报。1 月 20 日“伊 –124”号在达尔文港西口，被澳大利亚猎潜艇声呐发现，而后被美军驱逐舰用深水炸弹攻击沉没。由于该海域被盟国牢牢掌握，美国海军就抓紧时间打捞出了“伊 –124”号。从“伊 –124”号上美军取得了 JN–25B 密码本。JN–25B 密码最主要的特点就是采用日本文化当密码关键字，自负的日本人认为自己的文化足以让美国人无法破解。JN–25B 密码体系包括三种数码。第一种有约 45000 个五位数，分别代表不同的词或词组，第二种的数目甚至比第一种的还要大，是任意编成的，发报者可以随意选用加入电文中，使敌方难以破译，还有一组特别数码，用以告诉己方收报人员在电文的什么地方施加了伪装，以便收方译读。经过近两个多月的努力，到 1942 年三四月间，战斗情报局已经能做到在每份密电中三四个数码组判读出一组。

破解密码只是情报解读的第一步，从海量的情报中提取出对自己最有用的部分、不被敌人的假情报迷惑是利用情报的第二步，迅速地利用情报对敌人的行动做出正确的反应则是第三步。美国海军情报部门的努力相当于在山本五十六布置好的赌局上轻轻地掀开了一角，提高了尼米兹在应战中获胜的可能性。这并不是说山本五十六的赌局就彻底失去了悬念，情报工作在战争中是重要的获胜手段，取得了情报优势并不能高枕无忧，以尼米兹为首的太平洋舰队还要做很多工作才能利用好这些情报赢得赌局。除了在海量情报中找到有价值的情报，对情报真伪的认定也是情报部门的主要工作。为了保证自己的行动的开展，在行动前发动袭击的一方也会抛出大量真假难辨的情报来迷惑对手，从而为自己赢得时间上的主动。即使做完了上述工作，要利用情报优势打击敌人还离不开己方强有力的打击力量和周密的组织策划。“二战”时期中国海军的总吨位不过是六万多吨，而日本最大的战列舰“大和”号的满载吨位就高达七万三千多吨，即使是有情报上的优势，以中国海军的实力也难以对日本联合舰队造成重大打击。在取得了对日本联合舰队的情报优势后不久，尼米兹就在南太平洋的珊瑚海迎接了山本五十六的挑战。珊瑚海之战是人类历史上第一次航空母舰舰队之间的正面对决，大战的结果也影响了中途岛会战，从某种程度上说是中途岛会战的前哨战。

·第二章·

战前博弈

第一节

目标珊瑚海

前文我们说过山本五十六的中途岛战略中要加上南太平洋的内容，因此联合舰队第一机动舰队派出了以“翔鹤”号、“瑞鹤”号为核心的第五战队（战队是日本海军的一种编制，比舰队小，两艘航母组成一个战队）出兵澳大利亚北部的珊瑚海海域，以支援第四舰队司令井上成美。井上成美不光是山本五十六的好友和支持者，也是山本五十六所属的条约派和航空派的重要成员。虽然井上成美在江田岛的毕业成绩是第二名，是日本海军公认的高才生，他指挥的第四舰队直辖兵力却少得可怜。第四舰队的旗舰是吨位6300多吨的训练巡洋舰“鹿岛”号，主力舰是3230吨的老旧的轻型巡洋舰“龙田”号和“天龙”号。井上成美的主要任务是在南太平洋建立起机场，以拉包尔等岛屿为核心用陆基航空兵部队威胁美国和澳大利亚之间的航线。这一企图被盟军发现，井上成美的部队成了美国海军重点“照顾”的对象。1942年2月1日，哈尔西海军中将率领着“企业”号和“约克城”号，攻击了马绍尔群岛的夸贾林岛，击沉了井上成美麾下的一艘运输舰和两艘其他舰只，击伤了几艘小船，此后井上成美的辖区成了美国海军将士们争抢勋章的最好舞台。

1942年2月20日以“列克星敦”号为首的美国海军大胆发动了对拉包尔的袭击，拉包尔的日军出动了17架陆上攻击机应战。这种攻击机的主要作用是从陆上机场起飞对海上舰船进行轰炸，取得制空优势并不是它的主要任务，在执行任务时需要零式战机的护航。日军的这种战术安排是一

“约克城”号航母

种非常轻敌的行为，自然遭到了惨遭失败。日军的惨败造就了美军在“二战”中的第一个王牌飞行员（击落五架敌机的飞行员）爱德华·布奇·奥黑尔，他在当天下午 17 点 06 分到 09 分的四分钟中内驾驶着 F4F“野猫”战斗机击落了五架陆上攻击机。爱德华·布奇·奥黑尔是美国海军飞行员中的传奇，他和自己的飞行中队长萨奇（后来是负责美国海军航空兵的海军上将，航空专家和顶级飞行员）在开战前就研究出了专门应对日军零式战机的“萨奇剪”战术。爱德华·布奇·奥黑尔驾驶的“野猫”战机的最大时速是 510 公里，他攻击的日本陆上攻击机最高时速是 450 公里，他在战斗中充分利用了这个微弱的速度优势，在战斗中他的战机只被敌人打中了一发子弹。这份战绩的不但得益于爱德华·布奇·奥黑尔高超的飞行技术，更是他强悍射击技术的体现，当时他的僚机由于机械故障无法使用机枪，实际上他是用 1800 发子弹迎战八架敌人的战机，在取得击落 5 架敌机的战绩后他的战机也刚好消耗完了全部子弹，他击落最后一架敌机只用了十几发子弹。这场战损比惊人的战斗鼓舞了美国海军的士气，美国国会大力褒奖了参战人员。爱德华·布奇·奥黑尔在白宫受到了罗斯福总统的接见，军衔从中尉直升为少校，连升了两级，还获得了美国军方最高等级的荣誉勋章。参战的美国海军中有 6 人获得了海军十字勋章，8 人获得了飞行功勋十字勋章。

F4F“野猫”式战斗机

1942年3月10日美国海军的“列克星敦”号和“约克城”号航空母舰又在布朗中将的带领下教训了井上成美，这一次他们攻击的目标是澳属新几内亚的莱城和萨拉莫阿之间的日本运输船队。这次攻击也大获成功，参与作战的14名海军士兵获得了海军十字勋章，8人获得了飞行功勋十字勋章。

美国海军的大获全胜让井上成美脸上无光，他在这段时间内的表现也被不少人认为他是赵括式的纸上谈兵的高手。切断美国和澳大利亚之间的海上航线是日本军令部一贯的主张，军令部下令联合舰队帮助井上成美“搞定”附近的美国海军，为日本陆海军攻占莫尔比兹港的行动保驾护航。山本五十六也不愿意让自己派系的重要人物脸上无光，因此对帮助井上成美十分热心。由于南云忠一和井上成美众所周知的矛盾，这次统领两艘航母的指挥官自然成了第五战队指挥原中一。原中一在日本海军将领中是一个另类，他是江田岛海军学校39期的毕业生，毕业成绩在149名同窗中排85位，在成绩至上的日本军界这是个糟糕的成绩。原中一是一个很能钻营的军人，按照日本海军的惯例，他的毕业成绩并不具备考进海军大学的资格，那是只有毕业成绩排在前两成的学生才有的专利。原中一出身并不算好，却也突破了这个惯例的束缚，成功地报考了海军大学。在海军大学的毕业成绩中，他是20名甲种毕业生中的16名。这和南云忠一形成了鲜明的对比，尽管南云忠一也不是专业对口的航母指挥官，南云忠一在海军大学的毕业成绩是第二名。原中一在海军中主修的专业也和航空毫无关系，他和南云忠一进修的都是鱼雷专业，还担任过水雷学校的教官，负责过鱼雷的研发工作。从专业角度来说，原中一应该和学长南云忠一一样是舰队派的成员。原中一却看中了山本五十六的潜力，成了航空制胜派的大将，得到了山本五十六的支持，成了第一机动舰队的主要指挥官之一。派遣这样一个指挥官，山本五十六除了考虑派系因素外，对美军的轻视也是原因之一。山本五十六认为美国海军已经士气全无，因此没有必要派出山口多闻这样的本派的精英，派出原中一足以解决战斗，事实证明这是个糟糕的决定。

原中一指挥的“瑞鹤”“翔鹤”两艘航母是日本联合舰队最新式的航空母舰，它们分别在1941年的8月和9月服役，速度快、火力强是它们最主要的特点。它们的速度最快可以达到34节，是当时速度最快的航母。它们的常用舰载机数量最高可以达到72架，可以携带97式舰载攻击机27架、零式舰载战斗机18架、99式舰载爆击机27架。这两艘航母上的飞行员相对于“赤城”号、“加贺”号上的飞行员来说飞行经验相对较少，在对珍珠港等地的进攻中第五战队的战机并不担任主攻任务。

1942年4月底日本联合舰队在南太平洋的舰船进行了重组，井上成美根据任务的不同将手中的力量分成了两支舰队。第一支舰队的主要任务是直接掩护陆军部队登陆莫尔比兹港，主力舰是满载排水量13100吨轻型航空母舰“祥凤”号航母。作为空中打击的主力“祥凤”号的舰载机数量少得可怜，只能携带零式战斗机18架，九七式舰载攻击机9架。为“祥凤”保驾护航、充当登陆部队火力支援的是“青叶”“加古”“衣笠”“古鹰”4艘重巡洋舰，驱逐舰“涟”号充当支援舰队的哨兵。这只舰队规模不大，由后藤有公海军少将指挥。这支舰队将于4月28日搭载着陆军南海支队从拉包尔出发，首先支援图拉吉登陆作战，然后转而西进，前去支援莫尔兹比的登陆作战。第二支舰队是机动部队，由第5航空母舰战队的2艘大型航空母舰“瑞鹤”号、“翔鹤”号和第5战队的2艘重巡洋舰“妙高”号、“羽黑”号及6艘驱逐舰“有明”“夕暮”“白露”“时雨”“曙”“潮”号组成。舰队指挥是高木武雄海军中将，并非航空兵出身的原中一指挥这支舰队的所有空中作战力量。这支舰队的任务是在4月30日和5月1日从特鲁克岛出发，支援莫尔兹比港登陆作战，消灭在珊瑚海附近活动的盟军舰船。

井上成美调兵遣将的计划不断通过无线电在太平洋上空往来传播，自然瞒不过美国海军情报部门。美军很快做出了反映，从澳大利亚起飞的远程飞机和美军的潜艇部队也加大了侦察力度，很快得出了日军将在珊瑚海海域有所图谋的结论。尼米兹海军上将调动了一切可以使用的兵力，派出了由弗兰克·J.弗莱彻海军少将率领“约克城”号航空母舰为首的特混舰队，和由奥布里·W.菲奇海军少将率领“列克星敦”号航空母舰为首的特混舰队，两支舰队联合作战时由资历更深的荣誉勋章获得者弗莱彻统一指挥。为了战胜日本海军，哈尔西也带领着刚刚结束了轰炸东京任务的“大黄蜂”号和“企业”号援助珊瑚海战场。哈尔西是美国海军中的传奇

航空母舰甲板上的零式战斗机

人物，不巧的是在本书中涉及的战役中他都因为各种原因成了配角。参与作战的“列克星敦”号和“约克城”号两艘航母上搭载了143架飞机，飞机有三种型号，分别是担任空战任务的野猫式战斗机、以投弹轰炸为主的SBD无畏式俯冲轰炸机以及战绩尴尬的TBD掠夺者式鱼雷机。美国陆军航空兵也不甘寂寞，美国第十九轰炸机大队用自己B17轰炸机在珊瑚海执行了侦察任务。

作为海战大舞台的珊瑚海位于太平洋西南部海域，具体区域是澳大利亚和新几内亚以东、新喀里多尼亚和新赫布里底岛以西、所罗门群岛以南的庞大海域，它南北长约2250公里，东西宽约2414公里，总面积是479.1万平方公里，是全世界面积最大的海洋，珊瑚海海战发生的区域是所罗门群岛附近的20万平方公里的海域。珊瑚海海水清澈，虽然该海域是全世界最深的海域，但依旧能见到水下的珊瑚，因此得到了这个美丽的名字。和日军不约而同的是美国海军的两艘航母也选择了在4月30日完成了首次编组汇合，一起登上了会战舞台。登台亮相的两艘美国航母中“约克城”号相对年轻，它是1936年建造的新型航母，满载吨位是25600吨，是约克城级航母的第一艘航母，是“大黄蜂”号、“企业”号的姊妹舰，最多可以携带97架战斗机，在攻击作战上明显强于“列克星敦”号。“约克城”号的指挥官是弗莱彻，他是安纳波利斯海军学校1906年毕业生，出身于海军世家，美国第一次世界大战时大西洋舰队司令弗兰克·弗莱德·弗莱彻是他的叔叔。“列克星敦”号航空母舰的满载排水量标准排水量为36000吨，满载是43000多吨，舰长270米，宽39.7米。“列克星敦”号的块头比约克城大了近一倍，但舰载机的数量却少于“约克城”号，它一般携带72架战斗机作战（这是理论数字，一般来说很少全部带上）。这要从它特殊的历史谈起。“列克星敦”号是一艘充满了历史传承的军舰，它是美国历史上第四艘以“列克星敦”号命名的舰船，上一个顶着这个名字作战的军舰要追述到南北战争时期。“列克星敦”号建造于1921年，原先是当做战列巡洋舰建造的，由于华盛顿条约的限制，美国海军将它改建成了航空母舰。和小字辈的“约克城”号相比，“列克星敦”号上还保留了不少战列巡洋舰的特点，比如保留了八门203毫米的主炮，这让“列克星敦”号在近距离遭遇敌人的战列巡洋舰时也有不错的攻击能力。除此之外，“列克星敦”号拥有100多门20毫米和37毫米高射炮，这些火炮被分成4组由枪炮长指挥，12门127毫米高炮是“列克星敦”号对付鱼雷机的主要力量，在防御火力上强于“约克城”号。“列克星敦”号航母是美国实验航母技战术的产物，因此身上带有不少探索的痕迹。“列克星敦”号和其他的航母不同，它拥有少有的封闭式机库，封闭式机库和开放式机库比起来携带的战机数量相对较少，因此虽然它的吨位比“约克城”号大得多，但携带的战机数量却少。“列克星敦”号的航速最高可以达到33.9节（每小时63公里），超过了日本的“赤城”（31节）、“加贺”（28节）等航母，航速上的优势让它可以轻松的和巡洋舰等舰只一起作战。由于“列克星敦”号的特殊历史，它的配重一直存在问题，它的重心因为烟囱和火炮的原因偏右，虽然美国海军取下了四门203毫米主炮，但问题依旧没有得到解决。“列克星敦”号还是一个名人辈出的军舰，欧内斯特·金海军上将就担任过它的舰长。“列克星敦”号在珍珠港事件中侥幸逃过一劫，事件过后它

“列克星敦”号正离开圣地亚哥。摄于1941年10月14日。

的所作所为可以用老当益壮来形容，在五个月时间里“列克星敦”号航行了四万多公里，没有缺席上述的所有行动。

“列克星敦”在日本海军的作战记录中已经被击沉，1942 年 1 月 15 日日本潜艇“伊－6”用一枚鱼雷偷袭了“列克星敦”号的姊妹舰“萨拉托加”号，造成了该舰 6 人阵亡、3 间引擎火炉室被淹没的损失，“萨拉托加”号依靠自身的损管能力返回了珍珠港维修。由于两艘军舰的外形很接近，日本潜艇部队将“萨拉托加”号误认为是“列克星敦”号，还在报纸上刊登了击沉“列克星敦”号的捷报。在计算美国航母兵力时，日本海军只计算了“约克城”号一艘航空母舰，认为自己的两艘航母可以轻易战胜对手。珊瑚海之战的第一枪却是“列克星敦”号打响了，4 月 30 日“列克星敦”号放飞的两架战斗机在执行侦察任务时发现了一艘日本潜水艇，美军飞行员投掷了炸弹，认为自己取得击沉敌人的战绩。从日军潜艇部队的损失情况来看，显然美军飞行员夸大了战过，但这次行动毫无疑问消除了日本海军水下的“眼睛”，日军没有取得美国海军实力的进一步情报。

第二节

“看不见的珊瑚海大战”（上）

在攻击了敌人的水下力量后，两艘美国航母上的战斗机依旧不间断地执行着侦察任务。美国当时的无线电技术高于日本，美军侦察机可以使用大功率远程无线电发射机发送情报，这给了美军侦察上的优势。到了5月3日下午，代号“琼”的美军侦察机终于在图拉吉岛发现到了日本海军的踪影，并在第一时间用无线电上报了自己的发现。日本海军舰艇普遍没有装备雷达，发现敌人的手段只剩下了派出侦察机这一种手段，这种反侦察方式对美军来说聊胜于无。借助珊瑚海上空的阴云，这架美国侦察机对日本海军进行了详细的侦察，并得以顺利返航。侦察机飞行员带回的情报是图拉吉港内有十五艘日军舰只，其中有三艘巡洋舰、几艘驱逐舰和其他各类舰只。这份侦察结果已经很接近于日本海军的真实实力，由于“祥凤”号航母的满载排水量也只有13100吨，不但吨位轻，“祥凤”号还是少见的潜水艇母舰（这是日本的一种特殊舰船，即让潜艇执行任务时中途换休、补给的舰船）改装的航空母舰，因此美军飞行员也把它当成了巡洋舰。

美军很快做出了应对，弗莱彻命令航母特混舰队中一艘航母当天夜晚停靠在瓜达尔卡纳尔岛岸边，飞机从那里起飞攻击图拉吉港；一艘留在海上，其各飞行中队作为增援部队，主要是防备这一地区的日本舰载机从背后偷袭。弗莱彻把攻击的时间定在第二天清晨，大规模的起飞机群在夜晚攻击在现在的技术条件下也是难事。瓜达尔卡纳尔岛就是后来著名的瓜岛战役发生地，岛上荒无人烟，只有少量的澳大利亚农场主和土著劳工居住，因此停靠在岸边美军并不怕自己的行踪被泄露。5 月 4 日凌晨时分正是一天中最黑暗的时刻，两艘航母上战斗警报声和集合号唤醒了所有的水兵。枪炮组的水兵们按照分工来到了自己高射炮位前，机械师开始紧张的为战机装载弹药、检查机身状况……大战将至，所有的人紧张又忙碌。

5 月 4 日早晨 6 点 15 分，美国海军的舰载机按照弗莱彻的计划依次起飞。“列克星敦”号航母上首先起飞了 18 架 SBD 无畏者侦察轰炸机，这些飞机携带着 500 磅炸弹，可以执行侦察和轰炸两个任务。接着起飞的是携带着 1000 磅炸弹的 SBD 无畏者俯冲轰炸机和携带 2000 磅鱼雷的 TBD 鱼雷轰炸机，这两种飞机是攻击日本海军的主力。“约克城”号也起飞了 25 架 SBD 无畏者俯冲轰炸机，10 架 TBD 鱼雷轰炸机和 8 架 F4F 野猫式战斗机。野猫式战斗机的主要任务是在交战中缠住日军的战机，为其他飞机的轰炸保驾护航，因为在此前的侦察中美军并没有发现“祥凤”号航空母舰，因此这次行动中出动的制空战机数量偏少。首先起飞的侦察机部队按照惯例实行了双机飞行编队，他们对瓜达尔卡纳尔岛和马莱塔岛周围海面实行五十海里全方向快速巡逻侦察，并不对图拉吉港口周围进行侦察，它们的目的是防备日军航母趁着夜晚航行到目标海域对美军造成威胁。18 架 SBD 无畏者侦察轰炸机并没有发现敌人的踪影，因此在接近图拉吉时，在四千五百米高度同俯冲轰炸机队会合。紧跟其后的是 TBD 鱼雷轰炸机，它的速度是时速 296 公里，飞行路线是从瓜达尔卡纳尔岛直飞图拉吉港的路线，它们的飞行高度刚刚可以超过 1800 米的瓜岛最高峰。由于 SBD 侦察轰炸机要和 SBD 俯冲轰炸机侦察后汇合，所以尽管 SBD 的最高时速是 410 公里依旧落在了 TBD 鱼雷轰炸机后面。俯冲轰炸机队长威廉·伯奇海军少校按照当时海军交战的规则发出了进攻指令，TBD 鱼雷轰炸机和 SBD 轰炸机分别从低空、高空对日军发起了进攻。在当时的技术条件下鱼雷相对于炸弹来说是更有效的反舰武器，低于水线以下进攻的鱼雷只要命中敌人就可以在军舰水线以下的部分形成大洞造成军舰的下沉。一般来说当时的鱼雷轰炸机都是和俯冲轰炸机配合作战，俯冲轰炸机在高空吸引敌人注意力，用炸弹解决一部分敌人的防空火力，造成敌人军舰行动困难，然后由

航母甲板上的SBD无畏者俯冲轰炸机

SBD无畏者俯冲轰炸机正在做起飞准备

低空飞行鱼雷机发射鱼雷彻底埋葬敌人，在图拉吉港战斗中美军的进攻从战术上说是无可挑剔的。

图拉吉港是澳大利亚代为管理图拉吉岛的重要设施，每隔六周才有一艘小型货轮为岛上的300多名白人殖民者补充物资。除了这个被一名白人官员10名土著警察管理的港口和一些白人管理的椰子种植园，整个图拉吉岛再也没有其他的现代建筑，直到2000年这个岛上的居民总数才有3000多人。在战斗爆发当天，图拉吉港却被日本的战争机器变成了繁忙的港口。“我们发现，这个港是个忙碌的地方。”一名俯冲轰炸机飞行员在战后的报告中这样描述自己见到的图拉吉港。“那里从巡洋舰到小筏子应有尽有。驳船正在从运兵船上往岸上运部队和装备。有一艘运兵船至少有二万吨，别的也有六千到八千吨。”日本毫无防备，军舰上甚至连高炮炮位上都没有人，TBD鱼雷轰炸机接近时的马达声和SBD轰炸机俯冲时产生的尖叫声才让日军手忙脚乱的跑上各自的岗位。这种敌人慌乱的场面对于进攻一方来说是难得的机会，美军飞机以最快的速度投掷了炸弹和鱼雷。从五千多米高度开始俯冲之前，美军轰炸机各中队长已给自己的飞行员分配了具体目标。一艘大型运输舰、三艘巡洋舰（其中一艘是重巡洋舰）、三艘驱逐舰和旁边的一艘水上飞机母舰，还有一艘单独停泊的驱逐舰，都是主要攻击目标。“我们开始俯冲。”一个飞行员回忆自己的表现时说。“没有一门炮开火，这就更便于抓住目标了。唯一讨厌的是，在穿过一个暖气层时我的瞄准镜上结了一层雾，那我们也要炸中目标。我们一直俯冲到离海面只有三百米才投弹，没等一门炮开火我们就脱离了。”美军的鱼雷机也像鲨鱼一样冲进了港口，对附近毫无防备的日军舰船发射了鱼雷，日军所在的避风锚地水深36.58 — 45.73米，是鱼雷进攻理想的区域。美军鱼雷机飞行员匆忙地将鱼雷发射后就急忙撤离交战区域，因为他们的战斗机在和敌人的战斗机交战时没有任何空战优势。在轰炸机机群中，SBD侦察轰炸携带的炸弹最轻，它们的投弹顺序高于SBD俯冲轰炸机。它们的飞行员在完成了投弹任务后担任警戒任务，还和日军的水上飞机进行了短暂的空战，击落击伤了多架日军水上飞机。在投掷完各自携带的炸弹和鱼雷后，美军飞机再次在空中完成编组返回航母。整个行动，美军战机没有任何损失。

上午 11 点，第二波次五十四架飞机也作好起飞准备。它们飞越瓜达卡纳尔尔岛的时候，一部分飞机在佛罗里达岛周围海面呈扇形展开，搜索逃窜的日本军舰，其他飞机继续完成攻击图拉吉港的任务。下午 3 点 30 分，美军派出了第三波十八架俯冲轰炸机。这次行动首次使用了各由两架飞机组成的两组战斗机，担任护航，没有派出鱼雷机。

在战斗中美军飞行员的精神高度紧张，他们也没有仔细地认定战果。美军指挥官把飞行员们自认为击中的战果统计汇总时发现当天取得了击沉日军三艘巡洋舰、三艘驱逐舰、三艘运输舰（其中一艘约两万吨、一艘约一万吨）、一艘水上飞机母舰和四艘炮艇，重伤一艘驱逐舰，击落 8 架敌机的战绩。按照前一天的侦察结果，美军已经击沉、重伤了日军 15 艘舰船中的 14 艘。实际战果是美军的炸弹只击沉了 1772 吨的日军驱逐舰菊月号和几艘小型货船，菊月号的残骸在 1943 年被美军捞出，当成了这次战役的纪念品。美军的损失是失去了两架俯冲轰战机和一架鱼雷机，两架轰炸机飞行员还在第二天返回了军中。从攻击效果来看，美军飞行员的三次袭击效果不大。虽然美军舰载机飞行员也信誓旦旦地声称他们的鱼雷轰炸机击中了日军的巡洋舰，但美军鱼雷轰炸机在这次作战中依旧是零战果。不光是他们，所有驾驶 TBD 鱼雷轰炸机的飞行员在 1942 年发生的海战中处于很尴尬的地位，基本上没有拿得出手的战绩。这是由两个原因造成的，一是因为当时美军的鱼雷发射训练比不上日军，有美军飞行员回忆自己飞了四年的 TBD 鱼雷轰炸机却从来没有在训练中发射过鱼雷。美军也没有像日军那样处心积虑地改良鱼雷进攻战术，偷袭珍珠港的日军就在鱼雷下面加装了稳定装置，因此美军飞行员发射鱼雷的技术远远比不上日军。二是 TBD 鱼雷轰炸机发射的 MK13 鱼雷在技术上也比不上日本当时使用的 91 式鱼雷。在鱼雷机和俯冲轰炸机的配合作战上，美军当时的技战术水平显然不如日军。

弗莱彻参加过第一次世界大战，对交战中战士们报出夸大的战果习以为常，战斗产生的亢奋往往让士兵们在描述战场情景时很难做到客观、清醒。弗莱彻并没有反驳自己部下的战报，也没有将统计出来的数字上报。高明的指挥官都知道如何分析战报结果，这关系到下一步的行动计划，弗莱彻很快得到的日军情报那里得出了符合战场实际的推论。5月4日夜晚弗莱彻指挥着特混舰队进行了撤离，因为他估计自己的部下并没有重创敌人，日军很可能会进行报复。5月5日清晨，特混舰队遇到给自己输油的“尼奥肖”号油船和为它护航的“西姆斯”号驱逐舰。“尼奥肖”号油船全长168米，排水量25000吨，舰长是约翰·菲利普海军上校，舰员也是海军人员。海军舰船之间的海上输油补给是一项高度危险和专业化的任务，因此给海军舰船直接输油的油船也由海军驾驶。“西姆斯”号驱逐舰排水量1570吨，1938年服役。“尼奥肖”号油船先后给“列克星敦”号和“约克城”号两艘航母输油，然后带着水手们的信件包裹和“西姆斯”号离开了特混舰队。水手们的包裹并没有送给自己的家人，两天后特混舰队的5月7日上午水兵们听到了“尼奥肖”号和“西姆斯”号沉没的消息。攻击它们的日军飞机来自“祥凤”号，日军的炸弹直接击沉了“西姆斯”号。由于“尼奥肖”号已经放空了自己的油库，日军的炸弹并没有引发毁灭的大爆炸，这艘油船还在海上坚持了一段时间。

5月5日、5月6日两天时间内，美军特混舰队都在尽量避开日军，同时派出侦察机侦察敌人的动向，消灭敌人的侦察机。而日军也竭尽可能地报复美军，也希望得到美军的情报。这两天双方的表现就像京剧《三岔口》中两个武生在黑暗摸索阶段，双方都竭尽所能地希望在战场迷雾造成的黑暗中首先找到敌人的位置。5月5日上午，“约克城”号在自己上空发现了日本川西式四引擎水上飞机的踪影，这种水上飞机是日本海军飞机中航程最远的一种，经常被用来侦察。“约克城”号战斗机中队长吉米·弗拉特利海军少校亲自驾驶战机击落了不速之客。5月6日下午美军的侦察机有了收获，“列克星敦”号的侦察机报告自己发现日军舰队的规模是两艘航空母舰，五艘巡洋舰和十几艘驱逐舰。这已经非常接近高木舰队的实际兵力，为美军获胜打下了情报基础。

5月7日清晨7点30分，"约克城"号航空母舰上的一架战斗机再次发现了敌情：它发现了一架川西式水上飞机就在附近。美军战斗机很快升空，在天空中展开了围猎，终于将这架敌机击毁。8点刚过，美军的远程侦察机也发现了敌人的踪影，并发出了详细的报告："发现日本舰队，1艘航空母舰，3艘重巡洋舰，6艘驱逐舰。距离180海里，航向120度，航速20节，西北西。"美军认为这是5月6日下午发现的日军特混舰队的一部分，推测是日军在晚上分了兵，实际上这是日军的"祥凤"号航母为首的特混舰队，和高木舰队毫无关系。美军确定了敌人的方位后，迅速开往相关海域。在飞行员起飞前，领航员用几分钟时间计划了飞行中队截击日军的航线，还把这些航线以及最新的气象预报用粉笔写在待机室的黑板上。航母上起飞战斗机时需要注意风力和风向，在攻击敌人时天空是否晴朗、云的多少都可以起到重要的作用。在起飞前两艘航母上随船的气象官预报了从三百米到飞机爬升最高高度的风向和风速，并告知飞行员当他们接近敌人时天空会放晴。经过半个小时的准备后，美军开始放飞自己的战机。这一次他们出动了76架战机，占了143架战机总数的一半以上。战机构成是24架TBD鱼雷机，36架SBD侦察机和俯冲轰炸机。和5月4日的攻击一样，TBD携带2000磅的鱼雷，SBD侦察轰炸机携带500磅炸弹，SBD俯冲轰炸机携带1000磅炸弹。由于这次攻击的目标很可能有零式战机护航，美军这次出动了16架F4F野猫式战斗机护航。野猫式战斗机的最高时速是510公里，拥有六挺机枪，爬升率是594米/分。它的主要竞争对手零式战机最高时速是534公里，爬升率接近800米/分（6000米7分28秒），在机动性上拥有极高的优势。"列克星敦"号上此时也没有传奇飞行员奥黑尔的身影，他已经按照军方的要求在国内忙着推销战争债券。他的老上司萨奇依旧参与了这次会战，他在珊瑚海海战中完善了"萨奇剪"战术，但还没有使用它。野猫飞行员们尽管在口头上称日本的零式战机是模仿美国技术的产物，但对击落零式战机依旧信心不足，只想在战斗中尽最大可能保住自己和轰炸机编队。

76架战斗机的飞行员怀着不同的心思飞向了敌人，他们刚进入巡航高度时珊瑚海的上空乌云密布，4 月底 5 月初的珊瑚海还处于风暴季节刚刚结束的阶段，乌云也好像飞行员们忐忑的心情。在经过一片乌云后，天空就像气象官预报的那样突然变清。美军飞行员开始在空中完成编组动作，SBD 俯冲轰炸机在队长韦尔登·汉密尔顿海军少校的指挥下飞到了 4500 米高空，他们是攻击波次中占据最高位置的机群，位于在四千米高度飞行的狄克逊侦察机队的前上方。TBD 鱼雷轰炸机机群需要在低空发射鱼雷，因此位于机群最下面。野猫分成了两队，每队分成四组，两队分别在俯冲轰炸机机群和鱼雷机机群后上方执行护航任务。每组两架战机，这是完成萨奇剪战术的必备要求。美军完成了战术编组，前方的“祥凤”号即将成为他们在“二战”中击沉的第一艘航空母舰。

第三节

"看不见的珊瑚海大战"（下）

让我们把时间定格在 1942 年 5 月 7 日 11 点，日本的"祥凤"号航母当时正在执行为整个舰队和运输船队护航的任务，对即将到来的敌人一无所知。"祥凤"号负责的两架水上飞机在不久前和美军侦察机遭遇，被对方击落，由于日军落后的无线电技术，水上侦察机并没有发出预警信号。因此"祥凤"号在遭遇美军时处于不设防状态，首先对"祥凤"号航母发起进攻的是鲍勃·狄克逊率领的侦察轰炸机中队，他们的战机从在升到 5000 米高空尽最快的速度俯冲到离"祥凤"号 300 米的距离投弹。"祥凤"号面对突如其来的进攻选择了迅速向左转向的战术，同时使用舰上所有的高射炮进行防御。零式战机也紧急飞向这群不速之客，它们的爬升率是每秒 13 米多，比美军的 SBD 战斗机高出三分之一，在美军俯冲轰炸前后发先至，双方缠斗在一起。缠斗在一起的美日两军的飞行员都要躲避"祥凤"号航母上高射炮形成的弹幕，在短短几秒中的缠斗中，尽管有技术优势，日军依旧没有能阻止美军投弹。在短短 40 秒的首轮投弹中，狄克逊少校的轰炸重创了"祥凤"号的飞行甲板，由于"祥凤"号只有一层飞行甲板（当时日军的航母甚至有三层甲板的构造），造成了日军无法起飞更多的舰载机，为击沉"祥凤"号立下了首功。史密斯海军少尉也在轰炸中命中了"祥凤"号右舷的高炮炮位，消灭了"祥凤"号右舷的防空火力，大大减轻了美军鱼雷轰炸机的进攻难度。其他美军轰炸机由于技术原因和日军零式战机的干扰，并没有进一步造成更大的损失。如果用拳击比赛的术语来形容这场战斗，美军第一轮使用载弹较少的俯冲轰炸机进攻好比使用刺拳，刺拳速度快重量轻，一般用来刺探对手遭受击打后的反应，是出重拳（后手拳）击打对手的前奏。“祥凤”号果不其然在随后进行了第二次转向，在日军转向的过程中美军的鱼雷机中队也到达了作战位置，和俯冲轰炸机中队做好了战术配合。美国海军的战机就像已经摆好了使用重拳的架势，只等日军露出致命的破绽。如果我们把当时美军机群当成一个拳击手的话，它的俯冲轰炸机中队构成了它的直拳，直拳的作用是在进攻或有意识退却时破坏对方动作打乱对方阵脚，携带着 1000 磅炸弹的美军俯冲轰战机也将冲向 5000 米的高空用垂直俯冲的方式投下炸弹；它的鱼雷轰炸机部队就像是拳击手的勾拳，勾拳力量大，但容易躲闪，高明的拳手经常配合直拳使用，美军的鱼雷轰炸机部队也一样，它们携带的鱼雷重达 2000 磅，是当时海军舰载机中最具威胁性的武器，但鱼雷轰炸机速度慢，没有俯冲轰炸机配合很容易被敌人躲开攻击。很快“祥凤”号做了第三次转向，这次转向给了美军极佳的进攻机会。美军机群中的“直拳”——俯冲轰战机中队以最快速度从 4500 米升到了 5000 米高空，按照 SBD 俯冲轰炸机最常用的 8.6m/s 的爬升率计算，这个过程持续了近一分钟。在飞到 5000 米高空后，美军俯冲轰炸机开始和鱼雷轰炸机进行联合攻击。在 4000 米高度，美军俯冲轰炸机可以进行俯冲加速。“祥凤”号最多只能携带 27 架舰载机，由于此前的攻击，它还有一大半战机不能起飞，因此在空中的几架零式战机不得不把防御的重点放在了更具威胁性的美军鱼雷轰炸机中队上。零式战机阻击美军鱼雷轰炸机的行动并没有获得成功，美军鱼类轰炸机中队中队长布雷特少校见状立刻呼叫了自己的保卫者——F4F 野猫战斗机中队，战斗机中队在贝克上尉的指挥下拖住了零式战机，在鱼雷轰炸机中队攻击前就击落了两架零式战机。就在低空美日两国战机斗法的时候，汉密尔顿少校指挥的俯冲轰炸机中队已经把“祥凤”号航母变成了燃烧的火炉。汉密尔顿少校的战机第一个投下 1000 磅重的炸弹，炸弹命中了“祥凤”号舰尾飞行甲板的中心，同行的飞行员认为这次大爆炸造成了 100 多米高的火焰。这次成功的轰炸成了美军“1000 磅炸弹进行曲”的第一个音符，每隔三到四秒中就有一颗1000磅炸弹加入进行曲的行列，它们的个头比500磅炸弹重一倍威力却大四倍，在冲天的火光中“祥凤”号的舰头和舰尾都遭到了重大打击。鱼雷机中队也在空中做了S形拐弯，将攻击方向转到了“祥凤”号的右侧，那里的防空火炮已经在第一次轰炸中被摧毁，是日军防空的死角。TBD鱼雷轰炸机也顺利发射了鱼雷，一共7枚2000磅重的鱼雷击中了“祥凤”号水线下的部分。加上此前经受的13颗重磅炸弹，“祥凤”号上的日本水兵已经无力回天。“祥凤”号是当时日军最新加入战斗序列的航母（1941年12月改装完，1942年1月成为航母部队一员），也成了日军战史上第一艘被击沉的航空母舰。

美军战机在完成了这次攻击后顺利返航，飞行员下飞机时正好赶上午饭时刻，这更为庆贺胜利提供了便利。午后的珊瑚海变得阴云密布，在阴雨之下日军高木舰队的侦察机也在尽可能地搜索美军的身影。对于骄横的日军来说失败是难以原谅的错误，尤其是对井上成美和高木武雄来说更是如此。井上成美已经在此前的战斗中接连失败，他又成了日本海军史上第一个让航母沉没的将军，这种压力迫使井上成美背水一战。高木舰队的指挥官高木武雄虽然在此前的泗水海战中用鱼雷打赢了盟国海军，但日本海军上层却根据老旧的海军教条认为他的战术缺乏勇气对他大加指责，高木武雄在海军内一时成了懦夫的代名词。“祥凤”号在他指挥的舰队附近沉没，如果他不做出在日军高层看来迅速有力的反应的话，还会有更多的责难等着他。当天下午，美军舰队向南进入了暴雨区。天空中的云朵很低，海面上大雾弥漫，能见度有时几乎是零。尽管天气不利于飞机起飞，弗莱彻还是冒着飞机迷航的风险派出战机进行不间断的侦察。弗莱彻的小心翼翼终于在傍晚时分有了收获，在天空中巡逻的四架美军F4F野猫战机在雨中发现了9架日军战机。经过空战，这9架日军战机成了美军当天下午唯一的收获。这9架战机只是当天下午日军派出的27架攻击机群中的一部分，其他的日军战机依旧在黑暗中寻找美军踪影。晚饭后一小时，“列克星敦”号上的美军水兵发现有9架轰炸机穿过暴雨朝自己飞来，它们像疲倦的鸟儿归巢一样从桅杆高度向“列克星敦”号发出了信号。按照惯例美军飞行员在降落前都要用无线电告知航母工作人员，虽然心里有很多疑问，看到轰炸机使用的信号和美军的识别信号非常相似，美军水兵并没有立刻跑到高射炮位上。水兵中很快有人意识到情况不对，因为“列克星敦”号上只有一架战机还未返回。就在这九架轰炸机即将降落时，天空中响起了机枪开火的声音。原来是“列克星敦”号唯一未从返回的战机也赶着时间来到了自家航母上空，对着陌生的轰炸机开了火。真相在机枪子弹的火光中被揭晓了，原来这九架轰炸机是日军的飞机，带队的高桥赫一错把“列克星敦”号当成了自己的母舰。伴随“列克星敦”号的驱逐舰也迅速开火，在“列克星敦”号上空形成了密集的防空火力网。九架日军轰炸机燃油即将耗尽，也只好趁着夜色逃离战场，结束了这场乌龙闹剧。日军飞行员的乌龙行为意味着双方的航母编队相距不远，美军提高了警惕。造成乌龙闹剧的 9 架日本战机也没有全部安全返回，根据日方的资料当天下午在风雨中出动的 27 架战机只有 6 架回到了己方航母上。随着侦察机陆续返回，弗莱彻认定日军航母舰队距离自己只有 30 海里。由于天色已晚，弗莱彻认为日军不太可能在夜晚组织机群对己方进行大规模作战，他下令继续警戒外做好第二天和日军大战的准备。

5 月 8 日早晨 5 点 30 分，美军航母拉响了战斗警报，侦察机开始陆续起飞侦察敌情。8 点 10 分，史密斯海军少尉发回了详细的侦察情报：“发现 2 艘航空母舰，4 艘重巡洋舰，很多驱逐舰，航向 120 度，航速 20 节。敌人位置在东北大约 175 海里。”这份情报由 SBD 侦察轰炸机上的双向无线电收发机发出后，“列克星敦”号和“约克城”号上的机械师立刻开始为各自负责的战斗机负责“暖机”工作。SBD 侦察轰炸机部队的中队长狄克逊少校也在接到部下的报告后迅速赶往附近，进行进一步的核实工作。5 月 8 日上午时分的珊瑚海上空布满了一块块少见的羊毛状低云，云下是一道飘移不定的柱状雨幕，这给了侦察机不少隐蔽上的优势。天气也是双刃剑，云雾和风雨在庇护侦察机的同时也带来了侦察上的困难，很多地方能见度几乎是零。功夫不负有心人，狄克逊少校终于在一块晴空中发现了高木舰队的身影，并对史密斯的报告作了补充。他首先更改了敌人的位置情报，日军的位置是在美军东北方200海里。在敌人舰船数量上，狄克逊的情报更加详实："2艘航空母舰，5艘巡洋舰，至少7艘驱逐舰。"（这已经很接近日军的实际兵力）。为了更好地监视敌人，狄克逊在己方发动进攻前一直停留在日军上空，随时将自己的发现通过无线电回报给指挥官。这种安排也体现了美军在无线电技术上的优势，日军由于无线电技术瓶颈不可能采取这种方式。在偷袭珍珠港时，日军最新型号的零式战斗机上都没有配装无线电收发装置。在珍珠港之后的半年时间里，日军也只是给少数的侦察机上增添了无线电收发装置，日军侦察机传递情报方式的落后也给中途岛之战的失败埋下了伏笔。狄克逊估计不久后弗莱彻就会发出进攻的命令，但弗莱彻却把进攻时间推后了两个多小时。弗莱彻是一个冷静谨慎的指挥官，在没有确定周围日军全部兵力前他不敢大规模地放飞战斗机群，他再三派出侦察机继续向各个方向侦察，确定是否有第二支日军舰队。这就苦了狄克逊，他在日军舰队上空盘旋侦察时不幸被日军发现了。20架零式战机扑向了狄克逊的SBD2侦察轰炸机，零式战机的最高时速比SBD2高出120多公里，在爬升率上更远不及零式，在飞机性能上处于劣势。狄克逊作为老到的飞行员充分利用了周围天空中的云朵，在云层中和零式战机玩起了捉迷藏，一次次甩掉了敌人。他凭借着这种技术坚持了2个多小时的时间，在自己飞机油箱中的1173公升燃料耗尽前顺利返航。在狄克逊返航前15分钟，弗莱彻终于下定决心，派出了庞大的机群对日军展开了作战。美军机群的数量是73架飞机：21架鱼雷机、37架俯冲轰炸机、15架战斗机。在这批战机起飞前一个小时，日军的侦察机也利用云层对美军舰队进行了详细的侦察，在美军机群起飞后不久也放飞了自己的攻击部队。美日航母舰队的对决已经变成了西部枪手遭遇战的模式，舰载机好比是手枪，炸弹和鱼雷成了子弹，哪一方出手快命中率高哪一方就能在这场遭遇战中活下来。

美军的机群被分成了五个编队，由战斗机掩护着不同高度的俯冲轰炸机和鱼雷轰炸机部队。在前进的过程中，美军机群的配合出现了不少瑕疵，3架从"列克星敦"号上起飞的F4F野猫战斗机和其他飞机失去了联系，不得不返回航母，削弱了护航飞机的数量。

10点32分美军机群穿过云层来到了日本舰队上空，由于天气原因两艘航母上起飞的舰载机编队在即将展开攻击时失去了联系，战斗变成了两艘美军航母舰载机部队分别在不同的时间内攻击日军的“翔鹤”号航母。日军的零式战机负责航母上空的巡逻任务，它们发现美军后主动应战。首先和日军交战的是“列克星敦”号航母舰载机编队，编队中空战能力最弱的TBD鱼雷轰炸机迅速躲入云层中，执行护航任务4架F4F野猫战斗机主动飞了过去迎战在性能上比自己优异的对手，希望为轰炸机部队赢得攻击的时间。F4F战斗机中队不但在飞机性能上不如对手，在飞机数量上也大大不如，不少飞行员在战斗中甚至觉得四面八方都是敌人，战斗很快成了一边倒，F4F战斗中队的飞行员中只有盖勒一人在战斗中幸存。这次交战后的15分钟，“列克星敦”号舰载机机群对日军发起了进攻。

第四节

看不见的较量

总数为 15 架战机的美军攻击机群冒着“瑞鹤”号的防空火力展开了进攻，首先得手的是 SBD 俯冲轰炸机。SBD 俯冲轰炸机的速度和灵活性相对于它的日军竞争对手 99 式舰载轰炸机来说要慢一截（410 公里对 430 公里），和日军战机比起来好像中量级拳击手和重量级拳击手的差别（一般来说重量级拳击手的步伐和灵活性要比中量级拳击手差，阿里和泰森是少有的例外），它的拳头（炸弹）也不例外的比日军 99 式舰载轰炸机大一倍。这次攻击中一枚 1000 磅重的炸弹命中了“翔鹤”号航母，这次爆炸并没有降低“翔鹤”号的机动性，它在躲避炸弹的同时还避开了所有鱼雷攻击。任务完成后的“列克星敦”飞行大队受到了日军零式战机的围攻，在交战中双方多架战机被摧毁。

紧接着“约克城”号飞行大队也对“翔鹤”号展开了攻击，日军也出动了 13 架零式战机对自己的航母进行了保护。“翔鹤”号航母一方面紧急避让，一方面水兵也利用高射炮对空中的美军进行了干扰，在一旁的日军巡洋舰也利用自己的火炮对美军进行打击。在三管齐下的防御战术面前，“约克城”号的 24 架俯冲轰炸机仅命中 2 枚炸弹，还损失了 2 架 SBD 无畏式俯冲轰炸机。复仇者式鱼雷轰炸机战绩则更加糟糕，9 发 0 中。珍珠港事件前美军在使用舰载航空兵上一直存在集中使用和分散使用的争论，支持分散使用航空兵一方的理由是可以在交战时避免损失，在孤立主义成为美国主流意见的年代，分散使用航空兵的说法自然大受欢迎，所以在珍珠港事件爆发前美军航母编队是很少有集中多艘航母舰载机进行联合攻击的尝试。所以在战争爆发后很长时间内，美军的航空兵编队进攻战术上都落后于日军，这次进攻也不例外。值得庆幸的是，虽然三枚1000磅重炸弹分散到“翔鹤”号甲板上没有造成重大损伤，却让“翔鹤”号无法使用自己的甲板进行飞机起降，等于废掉了“翔鹤”号的双臂。而日军另一艘航母“瑞鹤”号则在战斗一开始就躲进了暴风雨的范围内，避开了两拨敌人的进攻。

几乎与此同时，69架日军战机组成的攻击机群也到达了美国舰队上空。10点50分，美军侦察机在己方舰队68海里（109公里）外发现了这批不速之客，并通知了己方舰队。“列克星敦”号和“约克城”号开始向左转向顶风，以便让留在飞行甲板上的全部备用飞机起飞。美军这次出动了17架F4F野猫战斗机组成的空中战斗巡逻队，这支巡逻队的主要敌人是日本的俯冲轰炸机；18架无畏式轰炸机也被派出来组成了专门对付日军的鱼雷轰炸机。11点06分，日军的川西式水上侦察机成了这场大战中最早被美军击落的飞机，它的作用是为机群攻击提供更准确的战场情报。11点10分30秒日军进攻开始，零式战机机群缠住了美军的防御机群，为日军舰载攻击机的进攻铺平了道路。日军首轮攻击的重点是“列克星敦”号航母，一共有日军14架97式舰载攻击机进攻“列克星敦”号，攻击“约克城”号的97式舰载攻击机只有4架。“约克城”号应对日军的进攻游刃有余，成功地躲过了4架日军战机发射的鱼雷，还用防空火力击落了两架来犯的日军战机。第一波日军战机出现在“列克星敦”号的左舷方向，“列克星敦”号在舰长谢尔曼的指挥下不断转弯，尽量让自己的舰尾对准敌人，这样可以尽可能地减少自己被击中的可能性。在转弯机动的同时，“列克星敦”号上所有的高射炮也对来袭的敌人发起了进攻。在防御作战中，“列克星敦”号的水兵在旁边巡洋舰的帮助下击落了三架敌机，“列克星敦”号也用不断的转向避开了日军的鱼雷。这艘战舰的好运气只维持了不到10分钟，11点18分30秒第二波日军97式舰载攻击机用一枚鱼雷命中了它的左舷。11点20分第二发鱼雷也接踵而至，命中了受伤后转向困难的“列克星敦”号。受伤的“列克星敦”号吸引了更多的日军战机，日本的俯冲轰炸机不失时机地将重磅炸弹投掷到“列克星敦”号上，炸弹正好落在左舷前炮位三门五英寸炮中间，炸弹引起的爆炸消灭了三门五英寸炮和所有操作它们的人员。第二波攻击“列克星敦”号的日军鱼雷机部队胆子也变得更大，由于“列克星敦”号上主要用于防御鱼雷机作战的五英寸炮已经哑火，它们肆无忌惮地将飞行高度降到了70米。日军鱼雷机逼近时还用携带的机枪对“列克星敦”号上的水兵进行了扫射，扫射虽然没有造成美军水兵的伤亡，但为它们的攻击提供了便利。11点21分，“列克星敦”号左舷接近中部的位置被第三颗鱼雷命中。“列克星敦”号上水兵中负责损管的人员也开始争分夺秒地进行抽水工作，争取将损失降到最低。日军的俯冲轰炸机也不甘人后，也降临到“列克星敦”号上空，吸引了“列克星敦”号上绝大多数高射炮的火力。11点20分，第四颗日军鱼雷命中了“列克星敦”号左舷中部。三十秒后，“列克星敦”号被第五枚鱼雷命中。在“列克星敦”号旁边的“约克城”号也被日军的俯冲轰炸机命中，250公斤重的日军炸弹让“约克城”号的灵活性受到损伤。日军飞行员还在空中不紧不慢地继续组织进攻，似乎要一下子将美军的两艘航母击沉。就在美军航母危在旦夕的时刻，远方空中出现了大批战机的身影，执行轰炸任务的美军战斗机和鱼雷轰炸机返航了。伴随着机群临近的轰鸣声，美军战机也愤怒地向日军战线后方的战机开火。美军战机的燃油即将耗尽，如果不能保住自己的航母，这些战机将难以找到合适的降落场，对飞行员来说意味着机毁人亡，因此人人拼命。日军飞行员面临着两个任务，一是加把劲击沉美军的两艘航母，一是阻击和自己数量相当的敌人。从日军的兵力上看，这是不可能同时完成的任务，骄横的日军选择了继续进攻。最早返航的美军的鱼雷轰炸机部队，它们最早和日军交火，也最早返回航母甲板上。这支援军出现时不但日军没想到，美军防空火力甚至也一度把他们当成了敌人。第二支到达战场的援军是F4F野猫战斗机部队，由于野猫战斗机的航程比TBD鱼雷轰炸机要远，所以它们还可以在空中承担阻击敌人的任务。它们力图截击日军俯冲轰炸机部队，但是没有成功。

日军的俯冲轰炸机部队位于美军 F4F 野猫战斗机部队的前上方，而野猫没有太大的速度优势。野猫战斗机的“搅局”吸引来了日军中速度最快、航程最远的零式战机，这两种功能相同的战斗机在天空中展开了较量。真正成功拦截日军俯冲轰炸机的美军战机是 SBD 侦察轰炸机，它们是当天拯救美军航母的英雄战机。美军的 SBD 侦察轰炸机部队先是击败了对航母威胁最大的日军鱼雷机，由于速度和机动性上的优势，它们在快速击败了日军鱼雷机部队后又很快和日军的俯冲轰炸机战成一团。日军本来在战机数量上就不占优势，面对美军的内外夹击，不得不放弃了击沉美军两艘航母的企图。在这场混战中日军的贪婪让它们付出了惨重的代价，在战后的统计中日军在战斗机和飞行员的损失上超过了美国。整个珊瑚海海战，日本损失飞机 77 架，1047 人伤亡；美方损失飞机 66 架，543 人伤亡。

11 点 45 分“列克星敦”号完成了收回已方所有战机的工作，当时航母上的人们并没有认识到这是自己和这艘航母相处的最后时刻。水兵们依旧给自己的军舰做着损管工作，并把交战造成的损伤上报。在他们的报告中“列克星敦”" 号在四分钟内中了五条鱼雷，全在左舷中部靠前的地方，其中两条靠得很近，第二条严重破坏了主船体。“列克星敦”号一部分船体完全丧失了浮力，加上左舷许多被破坏的隔舱进水，结果造成了船体的六度横倾。整艘船的飞行甲板除了左舷五英寸炮位附近的中了一颗重磅炸弹被炸开一个小洞，其他部分没有被损坏，依旧可以起飞降落战机。从“列克星敦”号降落所有战机的情况来看，这也是事实。在舰船动力上，“列克星敦”号依旧可以保持着 25 节的巡航速度。落点离舰尾很近的那颗日军炸弹只是造成了三个锅炉舱暂停工作一小时，一个小时后“列克星敦”号 16 个锅炉舱又都全部完好如初。

损管人员的对策是把燃油从某些左舷油舱抽到右舷的空油舱里，按照他们的估计用这种方法一小时内就能使“列克星敦”号做到平衡。但在一个小时后的 12 点 45 分，“列克星敦”号却发生了引发沉没的大爆炸。一开始舰上的工作人员认为是没有被发现的日军炸弹延迟爆炸，这个说法被 20 分钟后的另一次爆炸推翻了。两次爆炸发生的地点都位于损管控制指挥室附近，负责损管工作的指挥层在爆炸中几乎全军覆没。两次爆炸的原因很快被查明，原因是日军鱼雷在爆炸时产生的冲击力震坏了辛烷汽油舱，流出的汽油蒸汽遇火造成了第一次爆炸。第一次大爆炸不但把坚固的钢制水密门从折叶上冲落，几乎打通了水线以下所有的舱室，破坏了水密门和舱口盖，还造成了消防设施难以使用。接下来的第二次大爆炸扩大了火场，火焰开始接近大型储油仓。全舰的电话交换台在爆炸中被摧毁，全舰的通信联络遭到破坏，军舰的航行开始受到干扰。13 点 50 分，“列克星敦”号的主电缆也被烧毁，由舰桥控制的电动舵失灵了，造成了全舰操作上的困难。行进的“列克星敦”号变得像一个醉汉，对周边其他的舰船也造成了威胁。弗莱彻不得不下令周围舰船放慢行进速度，看“列克星敦”号能否跟上舰队的脚步，对于当时的美国海军来说“列克星敦”号是绝对的主力，轻易不能放弃。14 点 30 分，“列克星敦”号发生第三次大爆炸，这次爆炸毁掉了数个锅炉舱和机舱的通风系统。“列克星敦”号还能勉强坚持着前进，但剩余的锅炉仓由于高温已经无法让人进入工作。在通风系统完好时，锅炉舱内依旧有 36 到 37 摄氏度的高温，本来就不是很好的工作环境。在通风系统被爆炸毁掉后，锅炉舱的温度升到了 60 多摄氏度到 70 摄氏度，几乎成了一个蒸笼。在坚持了一段时间后，所有的工作人员都跑了出去。16 点整，“列克星敦”号的迈克·科芬海军少校下达了熄灭锅炉舱、放出锅炉舱蒸汽的命令。在“列克星敦”号的其他地方，大火仍在蔓延。火焰吞噬着自己遇到的每一寸甲板，在两个多小时的时间内就毁掉了百分之二十五的甲板。“列克星敦”号上所有的水兵都在尽自己最大的努力灭火，由于缺乏有效的消防设施，大火离存放炸弹的弹药库越来越近。“列克星敦”号的弹药库内存放着 20 颗 1000 磅炸弹和 48 枚 2000 磅重的鱼雷以及大量的高爆炸药，一旦发生爆炸后果不堪设想。16 点 30 分谢尔曼舰长下令让在下层甲板扑救的全体人员撤离。17 点菲奇海军少将下达了弃舰令，因为就在几分钟前弹药库已经处在爆炸的边缘。舰上除了善后的水兵，大部分人都登上了长 3.3 米、宽 2.7 米椭圆形的救生筏，对于水兵来说这是一个痛苦的时刻。

弗莱彻派来了三艘巡洋舰和四艘驱逐舰搭载“列克星敦”号上的水兵。“列克星敦”号上的舰载机早在大爆炸发生前后就陆续被谢尔曼舰长派到了“约克城”号上，事实证明这是一个很有先见之明的决定。“约克城”号能起降的飞机和“列克星敦”号相当，因此起飞到“约克城”号上的战机都是状态最好的，经过挑选“列克星敦”号四分之一的战机在“约克城”号上安了家。就在其他军舰接受“列克星敦”号水兵的时候，18点30分大爆炸又发生了，舰上的1000磅炸弹在爆炸中被引爆。这让其他的军舰纷纷止步不前，救生筏上的水兵也担心自己受到珊瑚海附近鲨鱼群的攻击，气氛变得紧张起来。幸运的是这次大爆炸并没有引发弹药库的连环爆炸，连续的爆炸也吓坏了珊瑚海中的海洋生物，无论是救援军舰还是待救人员都安然无恙。在“列克星敦”号水兵安顿完毕后，弗莱彻在19点15分对“列克星敦”号下达了击沉的命令。驱逐舰“菲尔普斯”号成了这个命令的执行者，四枚鱼雷将“列克星敦”号送入了海底。

“约克城”号超载了近四分之一，弗莱彻不得不让战机轮流起飞减轻压力。舰队中其他军舰的情形也一样，多余的船员并不能增加舰船的战斗力，反而造成了超载的危险。除了超载，“约克城”号的储油罐也在战斗中破裂，有重蹈“列克星敦”号覆辙的危险。弗莱彻不敢再战，命令自己的舰队驰往新喀里多尼亚的法国港口努美阿。5月12日美军舰队到达目的地，他让“列克星敦”号上的水兵乘坐其他舰船离去。

日军舰队也离开了战场，结束了这次不成功的进攻。5月10日，日军采取了一次军事示威行动，意在挽回珊瑚海战中丢失的面子。他们派一支部队占领了大洋岛和瑙鲁岛这两个岛屿。尼米兹将计就计，电令哈尔西赶赴东所罗门群岛500海里内的海域。让“大黄蜂”号和“企业”号及第16特混舰队摆开阵势，意在迷惑对方，使日军相信太平洋舰队的所有航空母舰都已抵达南太平洋，从而牵制了日军北上进攻的兵力，使得日本军令部攻占莫兹比尔港切断美、澳海上航线的计划宣告失败。

井上成美依旧没在战场上挽回颜面，不得不在当年的10月26日返回自己的母校担任了校长。高木武雄由于击沉了“列克星敦”号没有受到进一步的牵连，他依旧在第四舰队当指挥官，还参与了 1942 年下半年南太平洋上的一系列战斗。原中一糊里糊涂地成了人类历史上第一次航母舰队交战的空中指挥官，由于此次会战日军在舰艇上的交换比还算好看，他并没有受到指责。但他率领的两艘航母中的“翔鹤”号受到了重创，不得不返回吴军港的船厂进行大修；“瑞鹤”上几乎所有的舰载机也在战斗中被摧毁。这种结果造成了第五机动舰队无法出席即将到来的中途岛海战，为日军的失败埋下了伏笔。

第五节

尼米兹的备战

在珊瑚海航母对决结束后的第二天即 5 月 9 日，美国海军的情报部门就怀疑日军下一步行动的目标会是在太平洋中部，不少人怀疑日军将再次突袭并占领珍珠港。上文提到的罗奇福特领导的情报分析部门（HYPO）认为日军的行动会有多艘战列舰、航空母舰和驱逐舰配合参与。HYPO 通过对日军“赤城”号和第三战列舰战队之间的无线电信号分析，认为它们会在塞班岛集合，推论日军攻击的目标是中途岛。尼米兹通过综合上述情报也认为日军攻击的重点会是中太平洋方向，但还不确定是日军进攻的重点是珍珠港还是中途岛。

尼米兹的上司欧内斯特·金根据自己在华盛顿的情报部门的意见认为日军会进一步进攻南太平洋，切断美国和澳大利亚的航线。在珊瑚海之战前，欧内斯特·金就下令让尼米兹派遣“企业”号和“大黄蜂”号支援南太平洋战场，在接到“列克星敦”号航母沉没的战报后更是下令让“企业”号和“大黄蜂”号常驻南太平洋战区。欧内斯特·金个性强硬，被美国海军称为“全能上帝”，“金上将从来不说自己是上帝，但是上帝说过自己是金上将。”这是美国海军中公认的关于他的笑话。尼米兹不想和欧内斯特·金直接对抗，他对自己的上司使出了自己在旅馆当服务员时的小花招：那就是不说客人不对，想方设法让客人知难而退。尼米兹对指挥着“企业”号和“大黄蜂”号的哈尔西使了个眼色，指使哈尔西在前进过程中故意让日军发现。5 月 17 日哈尔西指挥的第 16 特混舰队，在经过珊

罗奇福特

瑚海的图拉吉岛时故意被日军发现。与此同时，罗奇福特也“及时”上报了日军关于哈尔西舰队行踪的报告。尼米兹以哈尔西舰队行踪被泄露为缘由，取消了任务，命令哈尔西返回珍珠港。

真正的突破口依旧来自于情报部门，罗奇福特的小组在尼米兹的布置下用了一个简单有效的计谋确定了日军的攻略重点。5 月 19 日，在夏威夷情报部门的指示下，中途岛的无线电台发出了不加密码的公共广播，称岛上的海水淡化设施发生故障，要全体官兵节约用水。中途岛的两个主要岛屿上都没有地上径流，虽然每年降水量很大，但岛上积累不了雨水，只能依靠海水淡化装置。这个公共信息果然被日军毫无难度地截收，一天后美国人就“黄雀在后”的破解日军的无线电情报。日军用被已经被美军破译的 JN 25B 密码加密的情报提到“AF”（特指中途岛）缺水，需要淡水船和攻击部队一起出发。这也是日军的一大失误，按照原计划他们本来应该在 5 月 1 日就更换新的 JN 25V 密码，但他们一直延迟到联合舰队出动的 5 月 27 日才更换。虽然这个密码的破译也只是让掌握了日军密码规律的美军多花了几周破解，但至少可以拖延时间。美军因此判定日军进攻的重点就是中途岛，尼米兹掌握了战胜山本五十六的先机。

掌握了敌人的动向后，尼米兹需要做的就是尽可能地调配手中掌握的作战力量。他手下的情报参谋认为日军进攻中途岛的主力是四到五艘重型航母，可能会被分成两队。除掉在珊瑚海刚刚沉没的“列克星敦”号，美军还剩下“萨拉托加”号、“约克城”号、“企业”号、“大黄蜂”号、“突击者”号、“黄蜂”号六艘航母，在航母总兵力对比上处于劣势，因此尼米兹用各种渠道加强手中的航母力量。这其中“黄蜂”号属于大西洋舰队，并不在尼米兹的指挥下。当时“黄蜂”号的主要任务是运送英国的喷火式战斗机到地中海的马耳他岛，为英美在中东进行的北非战役服务。尼米兹通过欧内斯特·金也征调了这艘17577吨的航母，但直到中途岛会战结束，这艘航母才赶到太平洋战场，并在1942年9月15日在瓜岛战役中被日军潜艇击沉。“萨拉托加”号在1月11日被日军的鱼雷击伤，被日军当成了“列克星敦”号。它返回了美国西海岸的造船厂进行维修，在尼米兹调兵遣将时它还没有恢复战斗力，这艘航母就被尼米兹从候选名单上划去。“突击者”号航母是美军航母中的失败作品，它的最大航速是29.25节，并不符合美军的航母作战的要求。更要命的是“突击者”号没有在恶劣天气下起降战机的能力，它在大西洋一直执行护航任务，尼米兹对它的战斗力并不报以希望。在尼米兹手中能执行作战任务的最完好的两艘军舰就是参加过轰炸东京的“企业”号和“大黄蜂”号，它们将面对战斗力比自己强一倍以上的敌人。尼米兹不得不把目光又放到了“约克城”号身上，“约克城”号返回珍珠港后也在进行维修，按照原来的工期也无法参加中途岛会战。“约克城”号的动力系统并没有受到太大的损伤，它在超载的前提下顺利返回了珍珠港，因此尼米兹决定让舰船维修人员也登上“约克城”号，让“约克城”号在维修中赶赴战场。事实证明这个决定和美军轰炸东京一样是神来之笔，“约克城”三姐妹（即三艘约克城级航母“企业”号、“大黄蜂”号、“约克城”号）齐聚中途岛对中途岛会战的战果影响很大。除了进行紧急维修，“约克城”号上的飞行中队也进行了大换血。“萨拉托加”号上的第三轰炸中队（VB3，美军舰载航空兵的数字编号在当时和航母一致，CV3是萨拉托加号的编号，它麾下的航空兵也按照功能的不同分成了不同的中队，VB指轰炸机，VS指侦察机，VF指战斗机，

VT 指鱼雷轰炸机）中队替换了“约克城”号的第五侦察中队（VS5 中队），第三战斗机中队（VF3）代替了第四战斗机中队（VF4，这支部队来自突击者号，是美军航母战机部队混编的一个例子），第三鱼雷机中队（VT3）代替了第五鱼雷机中队（VT5）。“约克城”号原先三个战斗机中队的战机在珊瑚海之战中受损严重，飞行员也损失严重，继续修正补充。这种大换血在短时间内恢复了“约克城”号的战斗力。虽然战机部队都进行了大换血，但“约克城”号上的空中指挥官没变，依旧是空战专家、未来的四星海军上将萨奇。和美军相反，日军的海军航空兵部队严格和航母挂钩，一个舰载机中队只能属于某个航母。在舰载机部队受到严重损失的情况下，“瑞鹤”和“翔鹤”两艘航母并不能从其他的轻型航母上获得完整的战机中队。三艘美军航母上的舰载飞机总数达到了 233 架，比起日军的 248 架舰载机来并不处于弱势。

除了尽可能多地加强航母上的舰载航空兵力量，中途岛也被尼米兹建成了“不沉的航母”。中途岛的守军力量也大大加强，海军陆战队第六营迎来了两个营精锐的兄弟部队，这样仅步兵作战力量就达到了 3 个营。还有一个轻型坦克营也成了守军的一部分，他们可以在敌人登陆时将敌人推下海。至少 4 个营的美军防守兵力（总人数在 3000 到 4500 人左右）让他们在面对 2500 人日军登陆部队时并不处于下风，更何况他们有地形的便利。中途岛的地形并不适合登陆作战，它的两个岛屿的潮水落差很小，登陆的日军无法利用涨潮一下子就冲到滩头阵地。在日军的计划中，日本陆军和海军陆战队将乘坐可承载 100 人“大发艇”分批登上暗礁，然后徒步穿过近两百米的海水才能登陆。日军的登陆作战计划是建立在美军在中途岛只有一个营守军的前提下的，对尼米兹的增兵状况一无所知。美军在浅海和暗礁附近的海水中专门针对日军的登陆艇设置了障碍物，在滩头设置了铁丝网、埋下了用电力引爆的地雷。中途岛驻军还抓紧时间为日军坦克制造了 1500 多件爆炸物。美军海军陆战队使用的 M3 中型坦克总重 27.22 吨，拥有一门 75 毫米坦克主炮，完全可以轻松战胜日军陆军的 95、97 式坦克（95 式重 7 吨左右，主炮是 37 毫米炮；97 式 15 吨，主炮 57 毫米），更何况日军的登陆兵力中并没有这两种坦克的身影。驻守中途岛的海军陆战队步兵营自身拥有的火力也相当可观，仅第六守备营就拥有5门5英寸炮（127毫米）火炮，4门3英寸火炮（76毫米）反舰火炮和12们3英寸防空火炮，58挺0.50口径机枪和36挺0.30口径机枪。中途岛两个岛屿上美军一共布置了24门3英寸防空火炮，此外还有若干门37毫米和27毫米防空火炮。这些配置可以让海军陆战队在失去海陆力量支持的前提下依旧能挫败日军的登陆企图，让山本五十六的计划破产。

中途岛上更有效的防空力量其实是岛上大规模增加的航空兵，美国海军、海军陆战队、陆军航空兵在开战前一共在两个小岛上囤积了127架各种型号的飞机。中途岛上最老的飞机当属31架PBY卡特里娜水上侦察机，这种侦察机可以执行侦察、反潜、轰炸等多种任务，可以轻松地对700英里（1126公里）内的海域进行侦察。这种飞机是海军战机中的万金油，可以在完成侦察任务后兼职多种任务，缺点是航速只有314公里每小时，是“二战”所有海军飞机中最慢的，在空战中缺乏对抗能力。陆军航空兵派来的战机是两种轰炸机，即17架由桑德斯中校指挥的B17轰炸机和4架B26轰炸机。B17轰炸机是“二战”中美国陆军航空兵的明星轰炸机，它在欧洲战场大显神威，特点是自身防御火力强、载弹量大。B17战机部队在1942年还没有大显神威，它们的主力机型B17G还停留在研发阶段。美国陆军的B17中队当时在太平洋战场上主要担负侦察任务，在珊瑚海海战中它们和海军配合得不错。这种轰炸机在后来的实战中证明并不适合对付点状硬目标，敌人的工业设施才是它最理想的轰炸对象。B26中程轰炸机是美国陆军航空兵最新式的轰炸机，也是当时争议最大的轰炸机。这种轰炸机在当时事故频发，引发了陆军飞行员的多次抗议。这种技术上还不成熟的飞机之所以被陆军派往中途岛是因为它可以携带2000磅鱼雷。中途岛上的海军陆战队战斗机是21架老旧的F2A水牛式战斗机。水牛式战斗机是美国海军第一种实用的单翼可收放起落架舰载战斗机，在美国海军中这种战斗机已经被F4F野猫战斗机取代。在日军的大举进攻中，水牛式战斗机在马来亚、缅甸等地被日军的零式战机打得毫无还手之力，这只是一种聊胜于无的战斗机。此外海军陆战队还装备了19架SBD俯冲轰炸机和21架老旧的SB2U守护者轰炸机。海军自己也为中途岛上带来了6架全新的轰炸机和一架多用途轻型轰炸机。各个兵种带来的多种新旧不一的战机，给空中指挥也带来了不少问题，而且这些战机的飞行员极少有对敌人舰队作战的经验。如果仅仅用这些战斗机和日军的航母舰载机进行较量，自然是凶多吉少。但日军全部计划的重点是用108架战机对中途岛进行轰炸，直接轰炸中途岛的主力是72架97式舰载攻击机和99式舰载轰炸机，36架零式战机的主要作用是为97式舰载攻击机和99式舰载轰炸机护航夺得制空权。因此这些中途岛陆基飞机主要应战的对手是72架日军97式舰载攻击机和99式舰载轰炸机，它们的力量攻不足守有余。这些陆基飞机飞行员用自己的牺牲为海军航空兵的胜利提供了方便，是中途岛会战中改变战局的一个重要因素。

对于海上舰队的指挥官，尼米兹原先选择了自己的学长哈尔西。哈尔西是美国海军中最有攻击性、最受欢迎的将领，在美国海军的地位类似于巴顿在陆军中的地位。哈尔西直接指挥的第16特混舰队包括“企业”号和“大黄蜂”号，从各个方面来说都是最佳人选。尼米兹在珍珠港向哈尔西下达命令时发现哈尔西已经被病魔击倒了，这个昔日橄榄球场的健将因为连续六个月的海上生活患了全身皮炎整夜无法入睡，体重已经下降了近20磅。尼米兹坚持要哈尔西住院治疗，哈尔西对自己不能参加中途岛会战的评价是：“我事业上一大憾事”。尼米兹向哈尔西询问接替他指挥舰队的最佳人选。哈尔西毫不犹豫地推荐了斯普鲁恩斯，一个个性和他截然相反的将领。斯普鲁恩斯是一个冷静谨慎的人，并不喜欢在运动场和社交派对上表现自己，对和媒体记者打交道也没太大兴趣，是一个在公众眼中非常没有存在感的将领。只有和斯普鲁恩斯经常接触的人才知道他口才很好，善于说服别人接受自己的想法。斯普鲁恩斯长期在太平洋舰队担任参谋工作，做事高效有条理，非常注重细节。哈尔西和斯普鲁恩斯家有亲戚关系，两家经常在一起举行聚会，因此这两个个性截然不同的人彼此欣赏。相对于哈尔西，斯普鲁恩斯最大的弱点就是不是航母指挥官出身，在

美军将领合影，左一是尼米兹，左三是弗莱彻，左四是斯普鲁恩斯

被哈尔西推荐时他还是航母指挥的门外汉。斯普鲁恩斯其实是驱逐舰指挥专家，对鱼雷战术很有研究，所以美国人用他的名字命名了今天美国海军数量最多的一级驱逐舰。斯普鲁恩斯也没有舰载机飞行员的资格，这和专门靠飞行技术赢得了海军飞行员尊重的哈尔西截然相反。斯普鲁恩斯最大的长处是冷静、善于总结经验，学习能力很强，在中途岛以后的历次战役里他也成了运用航母作战的专家。

刚刚结束了珊瑚海战役的弗莱彻被尼米兹任命为第17特混舰队的指挥官，麾下舰船包括“约克城”号、“阿斯托利亚”号、“波特兰”号（“阿斯托利亚”号、“波特兰”号是重巡洋舰，美军当时以城市的名字命名巡洋舰，后面用人名命名的是驱逐舰）、“哈曼”号、“休斯”号、“莫里斯”号、“安德森”号、“拉塞尔”号。弗莱彻和斯普鲁恩斯一样是冷静谨慎的指挥官，而且更有作战经验，只是他的运气并不如斯普鲁恩斯。

两支特混舰队被尼米兹安排到了北纬32度、西经173度的“幸运点”，这个位置处于日军第一机动舰队前进方向东北 555 公里左右。在这个伏击点，美军的舰载飞机可以对日军舰队的两翼进行突然袭击。尼米兹并不是狂热的战争赌徒，他对中途岛战役有着合理的规划。他对自己的部下下达了命令是尽可能的杀伤敌人的机动兵力，将战争拖入消耗战。他明白在美国庞大的战争潜力转化为战斗力之前，每一艘航母都是太平洋战场上不可或缺的主演，因此他对两个特混舰队指挥官下达了战况不利可以撤离的弹性命令，在他看来如果有必要放弃中途岛也是可以接受的损失。中途岛上严重缺乏饮用水，存储的燃油也不能维持陆基战斗机长期作战，只要掌握了制海权夺回中途岛就不是难事。

从上述布置来看，尼米兹用惊人的战场预见能力（情报部门只是破译了山本计划的大致方向和实力）做出了对山本五十六作战计划针锋相对的安排。太平洋战场上美日两国海军的统帅已经掷下了骰子，围绕着四平方公里的中途岛，美日海军即将展开一场关系到两国命运的决战。

第六节

出　阵

日军第五舰队不但在珊瑚海战役中损失了大量舰载机，两艘航母也受损。“翔鹤”号在交战中被美军炸弹炸伤，“瑞鹤”虽然在战斗中逃过一劫，却在5月13日返航途中被美军的潜艇偷袭受伤。按照日本人的估算，这两艘航母要经过三个月的大修才能恢复战斗力。第五舰队因为是新成立的舰队，在日军联合舰队中被当成是小妾生的庶子，因此联合舰队的参谋们对第五战队不能参加中途岛会战毫不在意。联合舰队已经收到了美国在中途岛增加陆基飞机的情报，山本五十六的参谋们估计上岛的美军飞机总数最多是50多架，对第五战队缺席战争不以为意。5月初的珊瑚海战役对于联合舰队来说并不是太重要的战斗，他们在5月份的大部分时间都在进行关于中途岛的演练。经过近一个月的练习，联合舰队在5月21日进行了海上演习，5月25日进行了登陆演习。所有的演习都很仓促，到5月20日联合舰队参战的军官还没有拿到作战计划。在开赴战场前5月25日，联合舰队在旗舰“大和”号上进行了最后一次兵棋推演，推演的结果是美军出现在中途岛的南部，埋伏在日本侦察的空白区偷袭了日军，美军以损失两艘航母为代价击沉日军航母一艘、击伤两艘。这次推演虽然在战果和真实的中途岛战役有差距，但推演出了尼米兹伏兵的大致地点，也指出了山本五十六计划的缺点——各部分散距离过大、无法互相支援。如果山本五十六正视兵棋推演的结果，并做出相应的修改，也许可以减少中途岛惨败的损失，延后日军的失败时间。但山本五十六依旧无视这些，他只给南云忠一个模糊的建议，让南云忠一注意警惕。在参谋会议结束时，南云忠一还是惹怒了山本五十六。南云忠一声称自己的舰队无法在5月26日出发，只能延后一天在5月27日海军节那天出发。这场最后的推演以山本五十六举着裕仁天皇赏赐的米酒和高级军官、参谋跪谢皇恩结束。

5月27日是日本的海军节，是1905年东乡平八郎在对马海战中战胜俄国海军的日子。在那一天的战斗中日军以3艘鱼雷艇沉没、三艘主力舰受伤的代价击沉、击伤、俘获了俄国海军38艘军舰中的34艘，是日本海军每年必须参加的盛典。1942年5月27日也是联合舰队出征前最后一次在日本国民前亮相的日子。山本五十六想在中途岛复制对马海战，自然也把这场盛典看得非常重要。因此他亲自待在东京参加了庆典。作为一个战争赌徒，他似乎想从东乡前辈那里借一些运气。而对于对马海战的胜利，1942年3月4日去世的日本海军战略家佐藤铁太郎认为“日本获胜原因纯属运气”。

南云忠一却没有这份荣幸，第一机动舰队在5月27日早上六点就以16节的航速从广岛附近的柱岛锚地起航驰向了濑户内海。轻巡洋舰“长良”号是整个第一机动舰队的排头兵，后面跟着第十驱逐舰战队的11艘驱逐舰，接下来的是组成第八巡洋舰战队的重巡洋舰“利根”号和“筑摩”号，然后是战列舰“榛名”“雾岛”，第一机动舰队压轴的主角“赤城”号、“加贺”号、“飞龙”号和“苍龙”号4艘航空母舰则排在舰队最后面。9点左右，南云忠一所在的旗舰“赤城”号举行简短的仪式纪念海军节。全体人员站在甲板上朝东京皇宫方向深深鞠躬，然后刚刚接任“赤城”号舰长职务的青木泰次郎大佐宣读告别词。进行完这场仪式后，南云忠一的舰队就开出了濑户内海，在中午时分进入了太平洋。

在繁华的东京，山本五十六还沉浸在海军节的狂热气氛里。9点30分联合舰队的一支登陆队跟在护旗队后面，在海军军乐队的军乐声中列队通过东京市区。他们代表整个现役海军向日本国民展示“海上守护神”的风采，队伍先行进到皇宫前面的广场向皇宫朝拜，然后他们又到靖国神社祭奠。只是他们不知道在这场会战后越来越多的同僚也会在他们发动的战争中进入靖国神社，战争最后埋葬了整个日本海军。日本所有的媒体也进行着狂热的鼓吹，英文版的《日本时报与广告报》这样描述1942年海军节的意义："今年的海军节不只是个纪念性的日子、回忆性的日子，还是个大功告成的日子。日本海军不仅在17年前战果赫赫，而且，此后它又一次次地立下了令人难以置信的更大的军功……这是达到顶峰的时刻，是大功告成的时刻。由于德、意潜艇的活动，更由于日本海军的努力，今天，英国的制海权已经丧失。作为英国帮凶的美国，其海军也几乎已被日本海军摧毁。因此，今天日本已名列世界海军强国之首。这充分预示着日本将在未来世界的历史中崛起，占据与昔日英国拥有的同等地位。"退役的海军中将佐藤市郎也站出来为自己的后辈打气："美国兵根本没有士气。如果美国发动进攻，那也只是为了做给本国民众看的。"日本军部的宣传机器宣称"整个日本的一亿国民"完全可以对"海军不凡的丰功伟绩"感到欢欣鼓舞！轴心国盟友也来助兴，祝愿日本万事如意。《日本时报与广告报》更是直接把山本五十六和东乡平八郎相提并论："就是在这次具有历史意义的战役中，海军士官生山本失去了2个手指。要是他失去3个手指，按规定他就不能留在海军里了。可以说，一个手指之差使这位士官生得以在37年后担负起了与已故海军大将东乡相同的职责。因此，人们可以称这是上天为促进日本国的事业而赐予的恩典。"

10时40分正，皇宫的正门大开，裕仁天皇的车队开往国会大厦，让整个海军节的气氛达到了最高点。岛田繁太郎作为日本海军在政界的代表也在国会发表了标榜海军战绩的演说，他自豪地宣称：日军已击沉敌战列舰8艘、航空母舰6艘、巡洋舰15艘、驱逐舰24艘、潜艇50艘、辅助舰船47艘，重创敌战列舰5艘、巡洋舰12艘、驱逐舰11艘、潜艇29艘，辅助舰船40艘。而日本方面为此付出的代价仅仅是；1艘小型航空母舰、1艘水上飞机母舰、1艘布雷舰、6艘驱逐舰，6艘潜艇，14艘小型辅助舰船，17艘运输船和248架飞机。这份战报虽然有所扩大，但还算大致属实。最后岛田繁太郎用空洞的保证结束了发言："请允许我向你们担保：帝国海军的将士将斗志昂扬，充满必胜信心。他们将一如既往，不怕任何艰难险阻，征服敌人，以夺取战争的最后胜利，不达目的，决不罢休……”

结束了5月27日的海军节后，山本五十六率领着以“大和”号为首的战列舰部队踏上了征程。“大和”号一度是山本五十六竭力反对建造的军舰，1941年12月16日“大和”号建成，1942年2月12日“大和”号接替“长门”号战列舰成为日本联合舰队旗舰。“大和”号是日本穷兵黩武的象征，它的总建造经费（包括武器费用）是2亿8153万日元，而1940年日本全国全年民间住宅建造总投资为1.38亿日元，日本全国的道路建设总投资为1.35亿日元。这艘凝聚了日本人血汗的海上巨兽拥有中央空调、制冷设备等生活措施，可以为全军舰的人提供冰激凌，全舰人均居住面积达到了3平米以上，舒适的环境甚至为“大和”号赢得了“大和旅馆”的别名。山本五十六是日本海军航空派的代表，登上“大和”号后他也被舰上460毫米的巨型舰炮折服，想让“大和”号用1580公斤重的巨型炮弹（这是穿甲弹的重量，榴弹重1760公斤）重创美军的战列舰和航母。这也是山本五十六中途岛战略的矛盾所在，他是航空派的代表，是海军航空兵势力的后台，却也不想让“大和”号等战列舰失去展示自己威力的机会。他的作战计划的高潮部分就是重现对马海战，用一次巧妙的设伏，让联合舰队所有的“明星”都显示出自己的威力。就在山本五十六踌躇满志的时候，两个在日本人看来很不好的预兆也出现了。一是南云忠一身边两个关键的副手——渊田美津雄和源田实都病了。渊田美津雄是“赤城”号上的飞行队长，是日本海军著名的飞行员，以在珍珠港的出色表现而闻名，他突然得了阑尾炎。源田实比渊田美津雄小两岁，他在南云忠一舰队中的作用却更突出。源田实也是拥有极强飞行能力的飞行员，他一度从事过特技飞行。源田实还是第一机动舰队的航空参谋，负责整个舰队的航空作战计划，是不精通航空兵作战的南云忠一的空中智囊，他在渊田美津雄患病后两天得了肺炎。另一个恶兆和山本五十六的老朋友堀悌吉有关，这个在赌技上力压山本五十六一头的昔日首席毕业生在联合舰队出征前的一个晚上梦见日本海军的新型舰船在交工时出现了翻船的事故。已经退役的堀悌吉认为这是不祥之兆，本来想打电话给山本五十六。由于海军节的缘故，他不想破坏老同学的好心情就没有打电话。这两个恶兆，实际上只是联合舰队前往中途岛前的小插曲，并不影响战局进展。已经把联合舰队大半年油料储备都用上的山本五十六不会因为老同学的梦就取消进攻，南云忠一也只能在两个重要助手缺阵的前提下继续自己的征程。

与此同时在太平洋中部的珍珠港，美国海军也在争分夺秒的备战，他们的备战不像日军那样戏剧化，却更加高效实用。5 月 27 日“约克城”号返回珍珠港，立刻被送到船坞进行抢修。1400 多名工人爬到船上进行抢修，24 小时后“约克城”号又进入了干船坞。5 月 30 九点，“约克城”号搭载着 25 架战斗机、37 架俯冲轰炸机和 14 架鱼雷机进入战斗序列。6 月 1 日美国第 16、17 特遣舰队都到达了指定位置，静待日军的到来。

按照山本五十六的原定计划，日军的潜艇部队也会在 6 月 1 日在广阔海域执行 K 计划侦察美国海军。被山本五十六委以重任的不是别人，正是海军中将小松辉久侯爵。小松辉久出身北白川宫家，是在台湾阵亡的北白川宫能久亲王第四子，也是少数在珍珠港事件后还参与战争的日本皇室成员。小松辉久和裕仁天皇是亲戚也是密友，还是山本五十六的崇拜者。对自己参与的中途岛战役，小松辉久认为己方胜利在望，他在出发前以最大的热情和精力忙着制定攻击美国西海岸和巴拿马运河的计划。山本五十六也不敢过多干涉这个皇族部下的事务，只是对他发布了作战命令。在出发前，小松辉久甚至取消了作战参谋有马隆安的计划书，因为他认为没有必要。在没有作战计划的前提下，日军的潜艇拖延了出发时间，在 5 月 26 日到 30 日期间陆续离开了夸贾林岛（位于南太平洋马绍尔群岛）。在赶赴中途岛海域的过程中，这些没有作战计划的潜艇还不断遭到以中途岛为基地的卡特里娜水上侦察机的侦察，这又减慢了速度（潜艇的水面速度比水下速度快，但在水上航行会被敌人的侦察机发现）。直到 6 月 3 日，日军的潜艇部队才陆续到达指定的侦察位置，而美军的航母编队早已到达了指定战场。K 计划中另一个重要的侦察手段是使用日军当时航程最远的川西 H8K 二式水上飞机（也就是著名的川西飞艇、二式飞艇）在珍珠港水域附近侦察美军的动向。川西 H8K 二式水上飞机执行侦察任务时航程可以达到

7000 公里以上，可以在珍珠港和中途岛之间进行长时间的侦察。这种飞机还可以执行运输任务，可以在机内搭乘十名以上的乘客，因此可以采取多人不间断的观察。川西水上飞机体积大（近 30 米长）重量大（30 吨重），所需要的油耗也十分惊人。山本五十六选择了中途岛和夏威夷之间的法属护卫滩岛作为川西水上飞机的加油地，为这种飞机加油的是伊式潜艇。5 月 27 日伊 –121 号潜艇来到了预定的加油地点，却发现护卫滩岛变成了繁忙的加油站，美国的水上飞机母舰和驱逐舰已经云集于此。伊 –121 号潜艇很快和伊 –123 号潜艇汇合，两艘日军潜艇目视美军希望对手离开，但美军似乎把这个荒岛当成了安乐窝，一点也没有离开的意思。直到 5 月 30 日，伊 –123 号潜艇才向夸贾林的总部汇报了这个消息，小松辉久依旧没有明确的指示。伊 –123 号只好再等了一天，发现还是有不少美军水上侦察机停留到岛上。5 月 31 日是山本五十六计划中川西水上飞机执行加油任务的最后期限，由于美军的存在川西水上飞机的侦察任务自然被取消。山本五十六关于战前侦察美军动向的 K 计划全部失败，在中途岛战役中已经失了先手。

·第三章·

初　战

第一节

第一机动舰队中的“巨星”

正在赶赴中途岛海域的南云忠一并不知道己方已经输了先手，他虽然失去了两个重要助手的帮助，依旧率领着自己的舰队向着中途岛前进。

南云忠一舰队的核心就是四艘航空母舰，这四艘航母是当时联合舰队中战绩最辉煌的“巨星”，已经压倒了以“长门”号、“大和”号为代表的战列舰部队，在联合舰队将士心中是胜利的象征。在日军当时拥有的十艘航母中，“赤城”“加贺”“飞龙”“苍龙”“翔鹤”“瑞鹤”是充当作战主力的六艘重型航空母舰，是作战的绝对主力。除了在维护中的“翔鹤”“瑞鹤”两艘重型航母外，南云忠一舰队中的四艘航母已经是日本最强的航母兵力了。

这四艘航母被分成了两个战队，其中“赤城”“加贺”属于第一战队，它们归南云忠一直接指挥；“飞龙”“苍龙”属于第二战队，它们的指挥官是桀骜不驯、求战心切的山口多闻。“赤城”号是日本联合舰队官兵眼中战力最强的航母，也是南云忠一的旗舰，是四艘“明星航母”中的老大。“赤城”号全长 256 米，飞行甲板长 250.39 米，宽 31.36 米，吃水 8.74 米，在日本当时的航母中以长度最长而闻名。“赤城”号建造于 1920 年 12 月 6 日，1927 年 3 月 5 日下水服役，最初“赤城”号是作为战列巡洋舰建造的。1922 年的日本签署了《华盛顿海军条约》，为了避免“赤城”号被拆除，日本海军将“赤城”号匆忙改建成了航空母舰。在“赤城”号身上战列巡洋舰的影子还隐约可见，首先它的速度高达 31 节，可以和日军中的巡洋舰比美。其次“赤城”号保留了6门200毫米的舰炮，这些舰炮是当时巡洋舰的标准配置，用来对付其他的巡洋舰。“赤城”号还保留了6个装甲带，这也是战列巡洋舰才有的装置。“赤城”号拥有三层飞行甲板，没有甲板上层岛式建筑，日军在实践中发现这些设计非常不合理，于是在1935年到1938年对“赤城”号进行了大规模的改造。改造后的“赤城”号满载排水量从34364吨变成了41300吨，增添了一架起降机，增加了飞机仓库的容积，舰载机数量也从原来的60架变成了最高91架。和改装前相比，“赤城”号最大的变化是在左舷位置增添了岛式舰桥。这是一种不成功的改造，因为这种改造不但没有减弱飞行甲板后方的空气湍流，反而更加影响了战机的起飞，在日本后来的航母中这种设计也被抛弃了。中途岛海战中“赤城”号上的飞机总数是60架，分别是零式战机24架，97舰载攻击机18架以及18架99式舰载轰炸机。负责“赤城”号所有战机起降、运作的是飞行长增田正吾海军中佐，他参与了“赤城”号所有的军事行动，是一个低调的指挥官。由于渊田美津雄生病，飞行队长和97舰攻机的指挥官被换成了村田重治。“赤城”号是珍珠港事件后第一机动舰队参战最多的航母，是日本四艘航母巨星中的老大哥。“赤城”号的防空火力是6座120毫米双联装高射炮，14座25毫米双联装机关炮，这和它庞大的体积和名声非常不相称，在四艘航母中处于不利地位。

同属第一战队的“加贺”号是“赤城”号的姊妹舰，服役时间是1928年的3月31日。“加贺”号在个头上和“赤城”号相差无几，但在动力方面却远远不如。刚服役时的“加贺”号只有12座本式重油锅炉能产生91000匹马力，而“赤城”号的本式重油锅炉是19座，能产生13100匹马力，这让“加贺”号只拥有相当于“赤城”号三分之二的动力。“加贺”号动力不足的结果是它的巡航速度只有25节，不能和巡洋舰一起作战。为了改正这个缺点，“加贺”号在1934年到1935年进行了维修。它的舰体长度加长了9.14米，换装了功率更大的锅炉，巡航速度每小时增加了3节，勉强可以和巡洋舰一起行动。改装后的“加贺”号飞行甲板总面积略微超过“赤城”号，甲板高度也超过了“赤城”号，给战机的起降提供了方便。由于这种便利，尽管“加贺”号没有“赤城”号名气大，它的船员依旧很喜欢在舰上服役。由于在爪哇海战和空袭达尔文时受损，“加贺”号缺席了第一机动舰队在印度洋的海战，在军功上不如“赤城”号。“加贺”号还是第一机动舰队航母中和中国渊源最深的航母，是侵华战争初期日本海军的主力航母。“加贺”号第一次参加实战是在1932年爆发的一·二八事变，它和“凤翔”号（该舰在1942年已经转入预备役）成了人类历史上第一次参加实战的航母。1932年2月5日，“加贺”号上的6架“三式舰载战斗机”和4架“一三式舰载攻击机”与中国空军爆发了空战，这是日本海军舰载航空兵和中国空军的首次交战。在此后的2月22日、2月26日，“加贺”号上的舰载机还参加了两次空战。抗战爆发时由于“赤城”号正在进行现代化改装，“苍龙”号和“飞龙”号还在吴港造船厂建造，日本海军能够投入作战的只有“加贺”号、“凤翔”号和“龙骧”号这三艘航空母舰。“加贺”号作为吨位最大，战斗力最强的航母，一直担当着主力角色。1937年8月“加贺”号再度前往中国参与“第二次淞沪会战”，当时“加贺”号上的主力舰载机型为“九零式舰载战斗机”、“九五式舰载战斗机”、“八九式舰载攻击机”、“九四式舰载轰炸机”和“九六式舰载攻击机”。在著名的笕桥空战中“加贺”号的舰载机部队因为没有使用战斗机护航，在空战中被弱小的中国空军击败。日本海军航空兵也因为“加贺”号的实战经验，彻底抛弃了“战斗机无用论”，在1937年9月提出设计战斗机的要求，这也是大名鼎鼎的零式战机的由来。“加贺”号和“赤城”号一样保留有强大的对舰火力，它拥有200毫米单管舰炮10门。在防空火力上“加贺”号有127毫米双联装高射炮8座，25毫米双联装机关炮11座。

“加贺”号的舰长是48岁的岗田次作海军大佐，是地道的飞行员出身的航母舰长。“加贺”号的飞行长是天谷孝久海军中佐，他是“加贺”号号上的新人，他原先长时间担任“飞龙”号的飞行长，和舰长岗田次作还处于磨合期。“加贺”号的舰载数量是四艘航母中最多的，达到了74架，分别是27架零式战机、20架99式舰载轰炸机和27架97式舰载攻击机。

在四艘航母中，“加贺”号速度最慢，舰载机最多，相当于拳手中的重量级拳手。

距离第一战队不远的海域里，第二战队的“苍龙”号和“飞龙”号正在不紧不慢地前进。这两艘航母属于苍龙级航空母舰，和“赤城”“加贺”不同，它们从诞生之日起就是作为航母设计的。和赤城级航母比起来，苍龙级航母的个头要小得多，“苍龙”号满载排水量是 18800 吨，“飞龙”号的满载排水量是 20250 吨。苍龙级航母的另一个特点是动力强大，速度惊人。“苍龙”号的功率达到了 152000 匹，最高时速是 34.5 节，排水量更大一些的“飞龙”号则达到了 153000 匹。苍龙级航母在外观上和赤城级航母最大的不同就是飞机库甲板数量，它的飞机库甲板是双层结构。

在苍龙级的两艘航母中，“苍龙”号号称“日本海军最初的现代化航母”，它的外观特征舰桥位于右舷前部，烟囱形状是中部向下弯曲。在苍龙级航母身上，日本航母首次采用包括舰尾着舰标识、阻拦索等新技术、新设施。“苍龙”号在 1937 年 12 月 29 日完工，1938 年 4 月就被派往中国战场，参加了 11 月份对广东的轰炸，并于 12 月归回本土。在珍珠港事件中，正是“苍龙”号舰载轰炸机投弹炸毁了美军的“亚利桑那”号战列舰。“苍龙”号是日本第一艘采用电焊技术建造的航母，也是防御力量最薄弱的航母。“苍龙”号结构轻巧，几乎没有任何防护装甲，也没有经过专业的防护测试。“苍龙”号的吨位只有赤城级航母的四成，舰载机数量和赤城级航母大致相当。参加中途岛战役的“苍龙”号一共带了 57 架战斗机，分别是 21 架零式战斗机、16 架 99 式舰载爆击机和 18 架 97 式舰攻击机，以及两架最新型的 D4Y1 彗星侦察机。D4Y1 彗星侦察机实际上是日军在 1943 年才正式装备的 13 式舰载爆击机，该机具有空战和投弹能力，由于这种战机在 1942 年还在试验阶段，所以日军将它放在了“苍龙”号上充当侦察机。“苍龙”号刚一离开柱岛锚地就“丢失”一架宝贵的 D4Y1 彗星侦察机，给出征染上了一道阴影。“苍龙”号的舰长是柳本柳作海军大佐，他长期担任过海军武官、海军大学讲师和军令部情报官员，在骄横的日本军官中是少有的君子。和柳本柳作搭档的飞行长是楠本几登海军中佐，楠本几登在突袭珍珠港之前就在“苍龙”号上服役。柳本柳作和楠本几登搭档的时间长，配合默契，在斯里兰卡和英军作战时，他们指挥的舰载机创造了炸弹命中率82%的记录。“苍龙”号也长期是第二战队司令山口多闻的旗舰，在5月初山口多闻才将自己的旗舰搬到了“飞龙”号上。“苍龙”号的防空火力是6座127毫米双联装高射炮，14座九六式双联装25毫米高炮，在第一机动舰队参加作战的四艘航母中防空火力最薄弱。“苍龙”号还有一个缺点是由于它的飞行甲板完整地融入到船体结构中，已经十分接近水平线，造成了飞行甲板十分潮湿。

前往中途岛的四艘重型航母中“飞龙”号年纪最小，它在1939年7月5日才正式服役。服役一年后的1940年9月，“飞龙”号成功地掩护了日军占领越南等地，完成了自己的处子秀。“飞龙”号和“苍龙”号同属苍龙级，在吨位上却重了1800吨。它加厚了船体外板和甲板钢板的厚度，在防护能力上优于“苍龙”号。和采用了电焊技术的“苍龙”号不同，“飞龙”号改用了全铆接构造，虽然增加了建造时间却让它的船体强度比“苍龙”号又强出一筹。“飞龙”号和“苍龙”号一样没有多余的舰炮，它的全部火炮都是防空火炮，分别是127毫米双联装高射炮6座，九六式双联装25毫米高炮5座，三联装25毫米高炮7座。“飞龙”号上一共有57架战斗机，分别是21架零式战机、18架99舰载爆击机和18架97式舰载攻击机。“飞龙”号另一个特点是尽管它在四艘航母中吨位排第三位，舰桥却是最大的，舰桥设施也是最现代化的，因此山口多闻选择了它当自己的新旗舰。“飞龙”号的舰长也是四艘航母中唯一飞行员出身的加来止男海军大佐，和山口多闻一样他也是山本五十六的亲信。加来止男是日本海军航空力量中的少壮派，1927年他参与编写了《日本海军航空兵条例》，担任过航空分队指挥官和舰长。“飞龙”号的飞行长是川口益海军中佐，他以前是战斗机飞行员。“飞龙”号上最大的明星当属山口多闻，他在联合舰队中被看作是山本五十六中意的继承人。山口多闻并不是飞行员出身，也没有担任航空母舰舰长的经历，却是狂热的航母作战的拥护者。山口多闻的经历和山本五十六比较类似，也在美国的常春藤学校进修过，他是普林斯顿大学的学生。山口多闻擅长赛马、网球、高尔夫，喜欢酒会，有不错的社交能力，在普林斯顿学习期间他是派对上的风云人物。和南云忠一一样，山口多闻也是水雷专业毕业，担任过轻巡洋舰“五十铃”号（山本五十六也是这艘军舰的舰长）、重巡洋舰“爱宕”号、战列舰“伊势”号的舰长。半道出家的山口多闻以狠抓飞行员的训练而著称，他经常加大训练难度，造成了不少飞行事故。这种表现非但没让山口多闻受到责难，反而让他赢得了工作负责的美誉。山口多闻一向认为南云忠一胆子太小，不敢扩大战果，是整个第一机动舰队中的最激进的指挥官。

除了这四艘航母，第一机动舰队的“榛名”“利根”两艘重巡洋舰也担负着为整个舰队执行侦察搜索的任务，这两艘军舰上有 9 架侦察机，是整个第一机动舰队中不可或缺的配角明星。“榛名”“雾岛”两艘巡洋舰改装的战列舰参与了第一机动舰队在偷袭珍珠港后的一系列战斗，它们拥有良好的通信系统，在某种程度上更适合做旗舰。这四个配角军舰每天都要在一艘航母巨星的带领下进行反潜侦察巡逻活动，按照日军的规定执行警戒任务的航母会每隔两小时放飞两架 99 式舰载轰炸机，零式战机则随时在甲板上待命，一天 24 小时不间断，直到第二天轮换，第一机动舰队中第一个执行这种任务的是“苍龙”号。

第二节

战争迷雾

在海上前进了两天以后，南云忠一在5月29日进行了战前最后一次演习。在这次演习中南云忠一失望地发现自己部下的作战技术因为长期的作战任务而下降，舰载机机群的配合也变得生疏起来。长时间的战斗并不能像游戏中展示的那样提高士兵的熟练度，造成战斗力的提高，相反还可能在某些方面降低军队的战斗力。这在历史上并不少见。不一样的战场环境需要不一样的战术，因此战争中积累的经验不一定在下一场战争中有用。在过去六个多月的战斗中，第一机动舰队四艘航母上的飞行员积累了大量使用99式舰载轰炸机在高速飞行中投弹的经验，但缺乏使用97式舰载攻击机进行大规模鱼雷攻击的经验。按照山本五十六的计划，第一机动舰队在实施完对中途岛的进攻后，还要和其他舰队一起对美军太平洋舰队主力进行主力决战，会和对方的航母和战列舰进行大规模的交战。美军战列舰的平均装甲厚度都达到了300毫米以上，对于99式舰载爆击机的250公斤穿甲弹和242公斤高爆弹有很强的抵抗能力。因此第一机动舰队急需97式舰载攻击机使用852公斤重的91式鱼雷对敌人的航母、战列舰进行饱和式攻击。在日军的常用战术里97式舰载攻击机通常会使用9架战机编队的方式进行攻击，这是一艘日军航母一次起飞的最大数量。5月29日第一机动舰队出动了36架97式舰载攻击机进行了演习，演习证明飞行员的成绩很糟糕。在长达六个多月的连续作战中，第一机动舰队的飞行员并没有得到休整，也没有得到更多的练习，尤其是97式舰载攻击机的飞行员他们没有在六个多月的战争中投掷过鱼雷。鱼雷是非常昂贵的武器，即使在现代，鱼雷的价格依旧数倍于导弹的价格。一向“精打细算”的日本海军在非作战时期，舍不得将昂贵的鱼雷用于练习。5 月份大部分时间里，第一机动舰队的飞机都在不同的海军基地里进行维修，飞行员都集中在“加贺”号上进行训练，对大机群联合攻击联系不足。5 月底的演习也没有为 97 式舰载攻击机找到足够的演习场地，星湾附近找不到足够多艘航母演习的场地。

看到演习的糟糕成绩，南云忠一的心情也像天空中的阴云一样糟糕。也许在内心深处，他已经感觉到了此战并不想山本五十六设想的那样顺利。在他自己所写的日记中，他痛苦的承认了这一点。南云忠一是一个在日军狂热战争气氛中逐渐高升的将领，他明白自己对抗山本五十六计划的下场是什么，更重要的是南云忠一也养成了只执行命令不做出改变的思维模式，他尽管对整个计划能否顺利实施有疑问，却不想做出丝毫的改变，和大部分日本军官一样南云忠一也是日本疯狂战争机器上一颗螺丝钉。他不想做出任何改变，即使传来了不利的战争情报。6 月 2 日，日本“伊 - 168”潜艇发来了关于中途岛的侦察报告。这份报告指出中途岛每天飞机的起降架次为 100 次以上，水上飞机白天也不在岛上，美军显然加强了岛上的战机数量。中途岛夜晚也是彻夜灯火通明，有大量施工机械连夜施工。中途岛的前哨基地也加强了警戒。这份报告被送到了联合舰队总部，报告上的内容显示美军可能已经察觉了日军的企图。除了这份情报，“赤城”号还受收到了中途岛美军加强警戒的情报，从 5 月 29 日起南云忠一就收到了多份美军空中巡逻和潜艇活动加强的情报，但他都选择了视而不见的鸵鸟政策。

6 月 2 日上午第一机动舰队上空的天气开始变得更加糟糕。上午 10 点左右，海上浓雾弥漫，能见度变得极低。大雾持续了一整天，到了夜晚时分，浓雾反而变得更加稠密。6 月 3 日上午，浓雾天气还在持续。整个第一机动舰队的速度被大大拖延了，航速快的舰船被迫以 Z 字形前进，所有的舰船都在艰难的保持着阵型。上午 10 点 30 分“赤城”号发布了作战命令："12 点改变航向到 100 度"。这个命令执行后不久，天空开始放晴，但日军舰队也偏离了自己的航向。

6 月 4 日紧随第一机动舰队的田中运输船队在追赶第一机动舰队的过程中暴露了目标。6 月 4 日上午 8 时 43 分，在中途岛起飞的一架卡特琳娜水上飞机发现了田中船队中的扫雷舰。45 分钟后，另一架卡特琳娜飞机发现了田中船队的踪影。上午 11 点钟左右，中途岛美军派出了 9 架 B17 轰炸机对田中船队进行了轰炸。16 点 23 分轰炸开始，田中船队本身的作战力量就远远不足，也没有及时发现美军，被打了一个措手不及。在十分钟内，惊慌失措的日军拼命地向天空发射高射炮弹。由于 B17 轰炸机本身的条件限制，这次空袭美军并没有取得击沉日军舰船的战果。逃出生天的田中立刻用无线电向南云忠一报告了自己的遭遇，提醒他注意敌人的反击。

南云忠一收到了田中的提醒，却没有改变自己的侦察计划。当天下午 15 点 30 分发布了在 6 月 5 日对中途岛实施攻击的命令，并用信号灯向全舰队发出了按原计划执行搜索侦察的命令。南云忠一的搜索计划是源田实在出发前制定的，计划要求派出 7 架飞机以舰队为起点进行辐射状搜索，搜索的重要区域是没有友军掩护的东部和南部海域。按照这份计划，

被战火笼罩的中途岛

“赤城”号和“加贺”号将各派出一架97式舰载攻击机执行第一和第二搜索线路，两架飞机搜索的181和154度方向的海域。“利根”号重巡洋舰上起飞的两架零式水上飞机（零式改进型，比日本其他的舰载侦察机航程远）分别负责123度的第三号搜索线路和100度方向的第四号搜索线路。“筑摩”号使用两架零式战机负责第五（77度）、第六搜索线路（54度）。“榛名”号用老式的95式水上侦察机负责第七搜索线路（33度）。分到任务的战机除95式水上侦察机（它搜索240公里左右）外，都要在各种的搜索方向上飞行480公里以上，然后左转96公里返航。中途岛海域的面积是45万平方公里以上，超过了日本的国土面积（36万平方公里）。这个侦察计划即使得到了完美的实施，也只能搜索将近30万平方公里的海域，还有近三分之一的海域是日军搜索的盲区。

除了搜索区域有明显缺陷，源田实的计划还没有考虑天气因素。当时的侦察空中侦察还没有使用雷达，需要飞行员在300米到500米的高度进行目视观察。在这个高度侦察机可以迅速降到水平面，避开敌人的巡逻飞机的攻击。在发现敌人的角度来说这个高度也最合适，因为侦察机飞得太高一是难以发现潜艇，二是难以区别敌人舰船的类别。一旦侦察机遭遇了阴云密布的情况，侦察机飞行员就难以在理想的高度对敌人进行有效侦察。在第一机动舰队的东部有着庞大的积雨云，这些云层的高度已经降到了距离海平面300到1000米的高度。这种低矮的云层对第一机动舰队来说是有利有弊，它一方面掩护了第一机动舰队的踪迹，让美军难以在第一时间侦察到第一机动舰队的虚实；另一方面也为美军的进攻带来了方便，积雨云让美军找到了最适合隐藏行踪的障碍物。对日军侦察计划来说这种阴云密布的天气大大提高了侦察难度，需要更改侦察计划增加侦察机的数量。南云忠一手中的5架95式水上侦察机最大航程只有780公里，并不能很好地完成侦察计划。零式战机虽然也可以很好地执行侦察任务，却是6月5日攻击计划的主角之一。在整个中途岛战役中美军为了达到拨开战场迷雾的目的，派出了31架卡特琳娜飞机进行侦察。如果南云忠一要达到相同的目的就要至少再派出20架左右的零式战机实施侦察任务，在南云忠一的攻击计划中一个大的攻击波次就要用掉36架零式战机，在放飞战机攻击中途岛的同时，他还必须保留数架零式战机执行巡逻任务，所以即便是南云忠一明白源田实的侦察计划已经不符合战场的实际，他也只能将错就错。

夕阳缓缓地落下，日本海军士兵的精神也变得紧张起来。16点30分也就在田中船队正在遭受美军B17轰炸机攻击的同时，执行警戒任务的巡洋舰“利根”号主炮突然向正南方向开火，似乎有美军战机来袭。“赤城”号在一分钟后起飞了三架零式战机组成的小队前往调查，零式战机的报告时没有发现敌机。16点40分“利根”号回报说自己失去了敌机的踪影。这种草木皆兵的状态让整个舰队变得紧张起来，随着夜色渐浓，所有的参战者都变得焦躁不安。入夜后第一机动舰队进入了夜间航行模式。舰队编组变得疏散，四艘航母被驱逐舰和巡洋舰围在舰队中央。当夜值班的军舰主力是“榛名”号战列巡洋舰，它有8门356毫米主炮，可以对夜袭的敌人进行进攻。午夜时分，“赤城”号瞭望台上两次报告发现了美军飞机的身影。“赤城”号哨兵的报告并不是疑神疑鬼，他们很可能看到的是卡特琳娜水上飞机的身影。午夜时分出击的正式4架装有雷达的卡特琳娜水上飞机，这是美军利用新装备进行的一场带有赌博性质的战斗，他们的目标是田中运输船队。在雷达普遍使用的今天，在恶劣天气下发动夜袭仍是对飞行员的挑战。卡特琳娜水上飞机并不是专业的鱼雷攻击机，它使用的MK13鱼雷更是出名的不靠谱。果然，在出发后不久，一架卡特琳娜飞机就不得不因为恶劣的天气返回了中途岛。美军的飞行小队是4机编队，失去一架战机对战术有一定的影响。6月5日凌晨1点30分，3架卡特琳娜战机到达了田中舰队上空。田中舰队包括轻巡洋舰“神通”号、10艘驱逐舰、3艘巡逻艇、12艘运输船和几艘油轮。田中舰队也进入了夜间巡航模式，不同的是它船队的核心是油轮。三架美军战机逼近时，田中舰队没有采取任何规避措施，被打了一个措手不及。利用月光，飞在前面的两架卡特琳娜战机发射了鱼雷，不幸的是没有命中目标。日军驱逐舰也反应过来，用高射炮向这两架美军战机发起了反击，在交战中这两架美军战机不知所踪。1 点 54 分，普罗普斯特海军少尉驾驶着唯一一架战机冒着日军的炮火对日军重重包围下的油轮成功发射了鱼雷。鱼雷命中了日本油轮“曙丸”号的左舷，当场造成死伤 23 人的战绩。这次命中让整个田中舰队都紧张万分，因为“曙丸”号上载满了油料，一旦发生大爆炸后果不堪设想。田中赖三紧张地注视着“曙丸”号，看到“曙丸”号还能继续前进跟上船队，他才长出了一口气。这次袭击也成了整个中途岛战役中美军鱼雷唯一一次成功的战例。

第三节

日军初战中途岛

在田中舰队遭遇美军攻击一小时后的 2 点 30 分，第一机动舰队的四艘航母也变成了忙碌的蜂巢。飞行长对飞机操作人员和机械师下达了“起床”命令，听到命令的工作人员就像被鞭子抽打一样迅速从狭窄的吊床和铺位上起来。他们匆忙地换好衣服，按照苛刻的条例整理好床铺，然后到餐厅急急忙忙地吃早饭。尽管早餐非常丰盛，这些技术精英没有太多的时间品味。吃完早饭后，这些昭和时代的“机械武士”走进了工作的机库。他们身上穿着自己收藏的干净制服，这在淡水稀少的海上是非常少见的场景。尽管日本海军对军容也有着严苛的要求，由于船上淡水稀少，工作环境恶劣加上洗涤困难，平常这些水兵的制服也并不能总是保持干净。当他们穿着干净的制服去机库中工作时，就意味着有大战的开始，因为日本海军认为战前穿干净的制服和古代日本武士战前穿新铠甲一样代表了对战斗重视。

这些“机械武士”表演技艺的舞台内停泊着三种不同颜色的战机，分别是灰色或者饴色的零式战机（标准是舰载零式是饴色，但执行的并不严格，由于四艘航母上还有第六航空队的零式战机，所以中途岛战役时航母上的零式战机颜色会多一些）、暗绿色和灰色涂装的 97 式舰载攻击机和深绿灰色涂装的 99 式舰载轰炸机，不少飞机上还带有标志着飞机小队、飞机中队队长标志的尾部横纹。由于这些飞机的主人有近八成参与了自珍珠港以来的几乎全部战斗，飞机的保养情况并不理想。这些战机需要 1600

名“机械武士”为他们保养加油、悬挂武器。每名日军机械师都有特定的服务对象，对自己维护的战机无比熟悉。日本当时的航母都将飞机存在在下层的飞机库里，机库完全封闭，油漆、机油、润滑剂散发的气味在机库中久久难以散去。每架飞机需要 180 加仑到 235 加仑不等的油料，在主油箱加完油后机械师们还要花费还几分钟为副油箱加油。

给飞机加完油后，日军机械师还要给三种战机补充不同的弹药。他们要在零式战机机头的两挺机枪上装上 7.7 毫米的机枪带，给机翼的两门 20MM 机炮各自补充六十发炮弹。这些零式战机是日本海军航空兵的骄傲，在中国战场和太平洋战场取得了惊人的战损比。给零式战机补充弹药是一项相对简单的任务，和给 97 式舰载攻击机和 99 式舰载轰炸机补充弹药比起来是大餐前的点心。97 式舰载攻击机可以使用 800 公斤的 80 型重磅对地炸弹，也可以用 840 公斤左右的 91 式鱼雷（91 式鱼雷有 838 公斤、848 公斤等不同型号）。在日军的第一攻击波中 97 式舰载攻击机使用的是 80 型对地炸弹，这种炸弹身长 2.74 米，需要用三吨重的重型弹药推车推着从起降机运到 97 式舰载攻击机旁边。艰难地到达目的地后，日军机械师会把这种 800 公斤的炸弹吊装到指定的位置后将它固定在弯曲的炸弹挂架上。然后日军机械师会利用 97 舰攻机右轮上的把手配合弹药车上的千斤顶将炸弹放到专用的挂架上。完成辛苦危险的吊装工作后，机械师还要打开炸弹头部和尾部的保险丝，使炸弹处于激发状态。为 99 式舰载轰炸机装弹则是最麻烦的工作，99 式舰载轰炸机使用的炸弹是 250 公斤或 60 公斤，麻烦出现在 99 式舰载轰炸机的结构和存放位置上。99 式舰载轰炸机的机翼折叠后十分接近翼尖头，十分占用机库空间，它一般存放在航母的腹部紧挨着最大的起降机。99 式舰载轰炸机装填弹药的地方是飞机甲板，因此为它填装弹药需要用最大的起降机将它升到甲板上，然后用小型弹药推车给它装上一枚 250 公斤炸弹和四枚 60 公斤炸弹。把 99 式舰载轰炸机推上起降机至少需要 12 名机械师一起努力，即使是日本航母上最大的起降机也只能勉强容纳一架 99 式舰载轰炸机，需要十分小心地矫正才能放得下。在战斗中起降飞机的速度至关重要，日军机械师经过了长期的练习才让起降一架99式舰载轰炸机到甲板的时间减少到最快四十多秒。所有的战机都需要放置在甲板上，按照日军的作战要求是99式舰载轰炸机放在最前面，其次是97式舰载攻击机，最后是零式战机。负责指挥作战的飞行中队长的飞机要和所在航母的舰桥相齐。

在机械师忙碌的同时，负责操作航母的水兵也在不断地改变军舰的方向，其他的军舰也依次改变着方向，整个第一机动舰队变成了有利于进攻的松散的方阵。经过调整，"飞龙"号转向了左舷方向，"赤城"号和它平行位于右舷方向；第二列"加贺"号转向右舷，"苍龙"号转现左舷。在方阵中这四艘航母保持着8000米的间距。在方阵的左侧翼是"雾岛"号与"榛名"号两艘战列舰；方阵的右侧翼由"利根"号、"筑摩"号两艘战列巡洋舰保护。方阵两翼军舰和航母的距离是8000到10000米，"利根"号、"筑摩"号所处的右侧翼正好是美军战机袭来的方向。在方阵前20000米左右的距离上，"长良"号轻巡洋舰带领着11艘驱逐舰分散布防。

凌晨4点钟，四艘航母上的飞行员开始陆续起床。由于暖机需要将近半个小时的时间，所以他们和争分夺秒的机械师比起来相对"悠闲"。飞行员们的伙食标准也高于机械师，他们的早餐包括三明治和寿司、英式早茶和巧克力。在当时的日本本土普通的富人如果经常保持这样的伙食标准甚至会被宪兵以浪费的罪名关押起来，翻居民的垃圾桶也是日本宪兵最高长官——东条英机最喜欢干的事情。吃完早饭后，有些飞行员们开始戴上有"必胜"字样"钵卷"（白色头带，可以防止军帽脱落）。有的飞行员开始拿出自己妻子、女儿送给自己的千针带，这种让1000人人手一针缝制成的带子在日本是幸运的象征，日本军人迷信它可以用千人的祝福保佑自己在战场上不受伤害。在吃完早饭后，日军飞行员开始了长时间的等待，他们在等待中对各自攻击的目标进行最后的确认。在发动攻击前，日军机械师将对各自负责的战机进行"暖机工作"。日本航母上并没有飞机弹射装置，这对日军航母作战方式造成了很大影响。飞机弹射技术最早出现在1911年的美国，到1935年飞机弹射技术才逐渐在美军中逐渐普及。飞机弹射技术复杂，出现时间晚，对当时的舰载机来说似乎没有太大的使用价值，因此日军自始至终都没有在自己的航母上使用弹射装置。所谓的“暖机”就是在舰载轰炸机起飞前对行调试，在舰载轰炸机固定在甲板上时让发动机全力工作，检验各项设备的工作情况。“暖机工作”进行时一架战机需要至少两名机械师，一名机械师爬进驾驶舱查看飞机的各项仪表，一名机械师在飞机发动机右边待命。这种“暖机工作”有时会出现意外，因此“暖机”时损伤控制组的人员都带着灭火器站在飞机旁边随时待命。“暖机”信号发出时，站在发动机旁边的机械师会用手动曲柄摇动发动机引擎，在这个过程中他距离飞机的螺旋桨很近，处于非常危险的位置。根据驾驶舱中机械师的指令，这名机械师还会一步步完成自己的任务，从而让飞机的液压、油压、燃油压力和燃油温度逐渐达到合理水平。一架战机的“暖机”过程需要 15 分钟，只能多不能少，否则会造成飞机发动机直接爆缸。

由于这次攻击意义重大，几天前病倒的渊田美津雄和源田实两人也坚持着来到“赤城”号舰桥上。渊田美津雄的行走过程十分艰难，他在前进中很难保持平衡，有墙壁和舱门的地方他还能靠手扶艰难行走，有些船舱就只能靠爬行通过。源田实也艰难地来到了南云忠一的指挥室，和南云忠一进行了战前最后的交谈。“暖机工作”工作结束后，四艘航母上的飞行长开始对执行第一波攻击任务的飞行员进行最后的战前训话，再次强化他们为天皇献身的决心。训话结束后，飞行长下达了“全体出发”的命令。听到这句话的日军飞行员就像训练有素的猎犬一样跑向自己的战机。在飞行员奔跑的时候，机械师也将飞机发动机的转速设置为每分钟 1000 转，对等待中的飞机进行了最后的清理。航母的甲板上的信号灯也依次亮起。飞行员在战斗机上就座后再次检查发动机状况，并对方向舵、平衡器等设备的运行做最后一次检查。一切就绪后飞行员举起手表示一切正常，对周边的机械师大喊“就绪”。在确定所有参战人员的都举手后，飞行长助理带人对参战的飞机做最后的检查，并执行甲板飞行作业。四艘航母开始用第三战斗速度航行（每小时 22 节），在大风中反复调整角度，随着旗舰“赤城”号升起信号旗，打开信号灯，日军第一波攻击中途岛的战机已经准备就绪。6 月 5 日（这是东京时间）早晨 4 点 26 分，南云忠一正式下达了攻击命令："飞机特攻队出发"，拖着病体赶到指挥室的渊田实接着将这个命令通过扬声器将命令转发给"赤城"号飞行长增田正吾。后者很快打开了"赤城"号的信号灯，向其他三艘航母发出了信号。

和日军以往的行动一样，这次出击也采取了"飞行甲板加载分点作业"流程。具体做法是由第一航空战队的"赤城""加贺"两艘航母各自起飞 18 架 99 式舰载轰炸机，第二航空战队的"苍龙""飞龙"号各自起降 18 架 97 式舰载攻击机。日军直接攻击中途岛的飞机数量是 72 架，另外还有 36 架零式战机执行护航、夺取制空权的任务。除了这 108 架直接攻击中途岛的战机，日军还放飞了 12 架执行空中巡逻任务的零式战机和 1 架执行侦察用的 97 式舰载攻击机，放飞战机的总数达到了 121 架。四艘日军航母完成放飞战机的时间依次是"赤城"号 4 点 26 分，"飞龙"号 4 点 28 分，"苍龙"号和"加贺"号是 4 点 30 分。由于渊田美津雄病重，统领第一攻击波次所有战机的总指挥变成了"飞龙"号飞行队长友永丈市。友永丈市出生于 1911 年，比渊田美津雄小 9 岁，军衔是海军大尉。他此前一直在中国战场作战，"飞龙"号舰载机部队的时间并不长，中途岛战役是他第一次和美军交战，也是最后一次和美军交战。他的战机是 97 式舰载攻击机，这种飞机可以搭乘三人，在他飞机上的还有观察员桥本敏男海军大尉，电报员曹村井定。在起飞的战机飞行员中还有一个特殊的存在，就是出自白根家族（华族出身）的白根裴夫。白根裴夫指挥着"赤城"号上起飞的 9 架零式战机，他也是一个参见过"赤城"号历次战斗的老兵，白根裴夫的零式战机分队是整个第一波次战机中最早起飞的。

4 点 35 分，经过 5 分钟的编队，108 架日军战机排出了战斗阵型。这个速度在当时世界各国的海军航空兵中可以说是出类拔萃，当时的美军航空兵还没有这样的战斗技术，美军正在努力学习如何快速地从一条航母上开展一次协调的进攻。虽然中途岛战役的战果是美军获胜，但在航母舰载机进攻战术上却是日军领先一筹。日军机群以每小时 230 多公里的速度飞向了中途岛，按照他们的时速战斗将会在两个小时以后打响。

就在日军成功放飞战机的同时，执行侦察任务的七架战机却没能按计划升空。按照源田实的计划，这 7 架侦察飞机将在 4 点 30 分和第一攻击波次的飞机同时升空。“筑摩”号在 4 点 35 分、4 点 38 分放飞了第五、第六号航线上的侦察机。“利根”号直到 5 点钟才放飞了执行四号航线任务的侦察机。侦察机部队不能按时升空，气坏了第二机动战队的司令山口多闻，作为联合舰队“太子”的山口多闻声称要在战后严惩第八巡洋舰队的负责人。

第四节

攻防转换

美军舰队也和日军一样早早进入了工作模式，早晨4点20分也就是日军起飞战机前10分钟，弗莱彻就放飞了“约克城”号上的SBD轰炸机。这些战机直线航行了100海里（160多公里），对附近海域实行了搜索。SBD的航程有限，作为侦察机并不是很好的选择，它们并没有发现200海里外（320公里以上）的日军舰队。为了防止日军的突然袭击，弗莱彻同时还放飞了6架F4F野猫战斗机执行空中巡逻任务。

由于在凌晨的成功突袭，中途岛上美军也确认日军舰队就在附近，他们比自己的航母舰队更早进入侦察攻击模式。3点50分，中途岛上首先起飞了F4F野猫式战斗机。4点15分，22架卡特琳娜水上飞机起飞开始对中途岛海域进行辐射状侦查。紧随卡特琳娜飞机起飞的是15架B17空中堡垒分队，他们的任务是继续轰炸田中船队。卡特琳娜水上飞机最大航程可以达到4096公里，在执行侦察任务时远比SBD战机出色。执行侦察任务的霍华德·艾迪海军上尉驾驶着卡特琳娜水上飞机在早晨5点30分发现了第一机动舰队的身影，并在5点34分用无线电发出了情报。威廉·蔡司驾驶着另一架卡特琳娜水上飞机也在不久后发现了日军机群，在5点44分发出了“大量敌军飞机朝中途岛而来”的情报。蔡司驾驶战机继续前进，也发现了第一机动舰队的身影，在5点52分发出了：“发现敌人航母和战列舰，方位360度，距离180英里（289公里左右），航向135度，速度25节”的情报。蔡司观察到的日军航母数量是2艘，由于当天云层的阻拦和日军的编队模式，他不可能通过肉眼观察到两艘以上的日军航母。

美军的卡特琳娜水上飞机并没有隐身功能，霍华德·艾迪飞过第一舰队上空侦察时就被日军发现了，造成了日军的混乱。放飞了第一波战机后，南云忠一一度下令给剩下的97式舰载攻击机更换91型3号鱼雷。91型3号鱼雷总重848公斤，每艘日军航母上存有36枚。这是为了给未来的海战做准备，按照山本五十六的计划，美军太平洋舰队主力将在几天后和他们进行决战。5点20分南云忠一下令停止更换鱼雷，因为他已经意识到仅仅通过一个波次的轰炸难以对中途岛造成毁灭性的打击，开始准备对中途岛实施第二次轰炸。按照南云忠一的计划第二攻击波次的战机部队攻击力更强，是整个第一机动舰队的“A级攻击机队”。南云忠一挑选的第二攻击波指挥是村田重治海军少佐，他是代替渊田美津雄的人选。村田重治也是联合舰队最出色的鱼雷攻击机飞行员，擅长在浅水区发射鱼雷命中目标，他带队的鱼雷攻击机中队在珍珠港击沉了美军的“俄克拉荷马”号、“加利福尼亚”号、“西弗吉尼亚”号三艘战列舰。第二波次99式舰载轰炸机部队的指挥官是江草隆繁，他被日军称为“舰爆之神”。时年33岁的江草隆繁在科伦坡海战中率领日军舰载轰炸机部队在17分钟投弹52发，命中46发，用88%的命中率击沉了英国东方舰队的“多塞特”号和“康沃尔”号两艘重巡洋舰。在击沉英军“竞技神”号航母的战斗中，江草隆繁指挥45架99式舰载轰炸机，在15分钟内击中“竞技神”号37发250公斤炸弹，命中率达到了82%，和第一攻击波次比起来，第二攻击波次的阵容更豪华。5点32分，也就是霍华德·艾迪对第一机动舰队进行侦察时，指挥驱逐舰部队的轻巡洋舰“长良”号和“雾岛”号战列舰都发出了烟雾。“长良”号位于舰队最前方，“雾岛”号在舰队左侧翼，霍华德·艾迪很可能是侧面穿过了整个第一机动舰队。“长良”号和“雾岛”号报告他们在160度方向的40公里外发现了一架敌人的水上飞机。巡逻的零式战机很快赶往战场，霍华德·艾迪早已离去让零式战机扑了个空。5点45分，“利根”号上起飞的第四号侦察机也报告称自己发现了两艘美军潜艇的身影，美军潜艇距离第一机动舰队有80海里（148公里的距离）的距离。

5 点 55 分，第四号侦察机的飞行员甘利未久再次发报，称自己看到了 15 架敌机。甘利洋司这次发出的无线电电报被美军拦截并破译，甘利洋司的情报也是改变了整个战役进程的一个因素，通过解读他的电报历史学家们有了不少新发现。首先甘利洋司偏离了侦察计划给他规划的航线，其次他当时距离美军的攻击机部队还有上百公里的距离，所以他看到的不是美军航母上的攻击机群。甘利洋司看到的很可能是从中途岛上起飞的美军卡特琳娜水上飞机，当天早上美军一共起飞了 22 架卡特琳娜水上飞机，不可能一次集中半数侦察机让他观察到（侦察要大范围内分散侦察才有意义），所以他看到了 15 架敌机的情报很可能是夸大敌情。

这次遭遇改变了美日海军的攻防模式，日军在发现敌情后加大了防御力量。“苍龙”号在六点加派了三架零式战机。6 点 12 分，“飞龙”号也加派零式战机执行巡逻防御任务。日军在中途岛作战中在两个方面处于技术劣势地位，让日军在防备美军突然进攻上并不像源田实臆想的那样轻而易举，后者秉承日军一贯的思维惯性认为相对于进攻防守更为容易。首先日本的雷达技术落后于美国，在美军已经将雷达普遍装备到军舰的中途岛战役中，日本联合舰队只有“日向”“伊势”两艘战列舰上装备了雷达进行试验，但它们都在阿留申岛海域。第一机动舰队的军舰没有一艘装备了雷达，全部依赖目视发现敌人。按照作战规则，日军航母前方 20000 米左右的驱逐舰部队将担任警戒的主要职责。一旦发现敌情，所有舰船都会释放出烟雾，通过发送信号灯信号或主炮开炮的方式向己方航母，接到信号的日军航母再向自己的护航飞机发出指令。在观察敌人来袭的手段上，日军舰船落后于美军。另一个缺陷就是日军的无线电技术落后于美国，从而造成了防御指挥上的被动。日本执行巡逻任务的零式战机上也装备有无线电装备，但他们飞行员和陆基零式战机（以陆地机场为基地的零式战机，这种战机上没有无线电装备）的同行一样不使用这些装备。日军的空中巡逻部队、侦察机部队、攻击机部队都有不同的无线电频率，执行不同任务的部队做不到情报共享。和日军相反，美军已经在“大黄蜂”号上建立了第一个战斗情报中心（CIC），在快速协调战机进行防御作战上美军处于领先地位。日军航母编队的防御十分依赖在空中巡逻的零式战机飞行员，对于很多一心像达成“王牌飞行员”成就晋升“天王”称呼（“天王”在当时是日军对最强飞行员的称呼）的零式战机飞行员来说，凭借零式战机的性能优势击落来犯的敌人是一种难以克制的诱惑。落后的侦察手段、糟糕的通讯、鲁莽的“武士”飞行员，这就是日军转入防御作战时的全部应对手段。

由于无线电技术的优势，中途岛美军水上侦察机的情报很快被传递给了弗莱彻将军。和弗莱彻相比，斯普鲁恩斯后来名气更大，整个太平洋战争中的战绩更好，被认为是美国海军中仅次于尼米兹的“智将”，因此很多资料都把斯普鲁恩斯当成是中途岛获胜的关键人物。尼米兹却任命了直辖兵力少于斯普鲁恩斯的弗莱彻作为中途岛战役的总指挥，原因在于斯普鲁恩斯的航母作战经验几乎是零，弗莱彻毕竟有在珊瑚海和日军交战打平的战绩。弗莱彻接到情报后非常困惑，因为尼米兹在开战前告诉他日军航母可能会分成两队进行攻击，威廉·蔡司的情报意味着还有日军还有一半的兵力隐藏在未知的海域。谨慎的弗莱彻认为自己必须保留足够的预备队应对日军另一半航母的进攻。弗莱彻在 6 点 07 分命令斯普鲁恩斯率领第 16 特混舰队“向西南方向前进，一旦定位完成，就立即对敌军航母进行攻击”。“约克城”号则采取向东航行、逆风的措施（飞机降落时逆风是好风向，对在航母上降落的飞机来说逆风更重要，因为在降落时航母在远方看去并不比一个火柴盒大，顺风很可能会造成舰载机不能一次降落成功，对于油料即将耗尽的飞机而言多次降落是很危险的事情）迎接 SBD 侦察轰炸机的降落，并做好进攻的准备工作。做完上述工作后，弗莱彻的第 17 特混舰队沿着第 16 特混舰队的航线航行。这样做的好处是可以尽可能地让第 16 特混舰队全力以赴攻击日军舰队，第 17 特混舰队的战机充当预备队，退可以帮助第 17 特混舰队突然遭到袭击时进行防御，进可以在没有发现敌机来袭时增加攻击的力量。

斯普鲁恩斯以谨慎、冷静的指挥闻名整个太平洋战争，中途岛战役虽然是第一次统领航母舰队作战，却也没有新手的冲动。他和他的参谋班子认定敌人虽然在SBD轰炸机的作战半径内，却不能马上出击。他们认定敌人很可能会改变方位，如果贸然投入战机进行攻击很可能会浪费燃料进行搜索，这会削弱己方的有生兵力。当时的风力也对发起进攻不力，微风环境意味着“大黄蜂”号、“企业”号必须加速到每小时25节的航速才能产生足够的风速放飞战机。因此斯普鲁恩斯选择逐步接近敌人后再放飞战机，他把攻击的时间选择在了七点整。

美日两国航母舰队之间完成了攻防转换，但中途岛上空依旧是日（军）攻美（军）防守的局面。在日军战机出动不到一个小时内，一架美军的卡特琳娜水上侦察机就发现了日军的踪迹。6点钟刚过，中途岛上空的美军战机就进行了紧急升空，实行了攻防兼备的行动。中途岛的美军战机分成了两部分，防守部分是20架老旧的水牛式战斗机和4架野猫式战斗机；进攻部分由6架TBF复仇者鱼雷攻击机和4架B26轰炸机组成了第一攻击波次。东岛和沙岛上的海军陆战队也做好的应战的准备，高射炮手也各就各位。

6月4日上午约7时25分，“企业”号高速迎风航行，预备派出轰炸机队。

中途岛美军战机起飞后不久的6点15分，以友永丈市为首的日军战机距离中途岛60多公里，他们发现中途岛岛上的美军已经严阵以待。由于赤松作少尉驾驶的97式舰载攻击机出现故障返回了“飞龙”号航母，因此飞达中途岛上空的日军战机数量是107架。6点17分友永丈市下令所有战机收拢队形，准备对中途岛进行轰炸。这个过程要持续好几分钟，作用是保证攻击效果最大化。6点21分，第一攻击波次的日军战机即将摆开攻击阵型时，突然遭到了24架美军防御战机的攻击。尽管美军飞行员的经验、技能，战机老旧、性能落后不如日军，美军飞行员依旧勇敢地向优势敌人发动进攻。突如其来的进攻打了日军一个措手不及，在护航的零式战机反应过来以前，美军战机就击落了来自“飞龙”号上的三架97式舰载攻击机。三架被击落的97式舰载攻击机飞行员分别是菊池六郎、曹於久保已、和宫内政治，其中菊池六郎是“飞龙”号第二中队的中队长。菊池六郎的战机被击落后不得不在库雷岛附近的海域迫降，他和其他两名机组成员在空战中侥幸保住了性命。由于日军中途岛战役的失败，战役过后菊池六郎等人在库雷岛被美军搜索部队包围，拒绝投降的三人都被美军击毙。友永丈市自己的战机也被美军战机的机枪子弹击中了油箱，造成了起火事故，虽然被扑灭，但依旧损失了大量燃油。美军战机随后还击落了“苍龙”号舰载攻击机中队里由曹芋原义博驾驶的战机，击伤了曹森十藏等人驾驶的三架舰载攻击机，迫使其退出战场。美军的突袭击落日军97式舰载攻击机四架、击伤三架，让日军第一攻击波次的97式舰载攻击机丧失了五分之一的战斗力（由于赤松作退出，所以第一波次的97式舰载攻击机数量是35架），可谓是收获颇丰。

美军的突袭刺激了以菅波政治（“苍龙”号海军大尉，第一攻击波次零式战机总指挥）为首的零式战机飞行员，他们凭借着零式战机远远超过美军战机的性能优势展开了反击。和零式战机相比，美军的水牛式战斗机和野猫式战斗机在速度和爬升率、机动性上都处于劣势地位，因此被一一击落。美军战机不是被击落就是被驱赶走，日军在短暂的空战后继续向中途岛前进。攻击中途岛的日军机群从北面飞往中途岛，然后从东面进行包围作战。按照战前的分工，从“飞龙”号和“苍龙”号上起飞的97式舰载攻击机部队爬升到3352米高空，以每小时150节的速度从东南方向接近中途岛，对中途岛所属的沙岛、东岛进行轰炸。日军97式舰载攻击机大队很快以中队为单位扑向了战前划分的目标区域。迎接日军97式舰载攻击机的是美军高射炮在天空中形成的弹幕，进行了射击校正后，美军的重型高射炮很快再次开火。美军凶猛的防空火力给日军飞行员留下了深刻的印象，“飞龙”号的作战报告上这样描述美军的防空火力：“在东岛和沙岛的环形阵线上，设置了很多高平两用炮组，是最新型的武器装备。这些高炮似乎是用了某种指示器，它们的命中率很高，而且防空火力凶猛。”“飞龙”号舰载攻击机中队曹阪本宪司驾驶的战机成了美军防空火力打击的第一个牺牲品，他的战机在投掷炸弹前就被美军高射炮击落坠入大海。其他的97式舰载攻击机飞行员顾不上兔死狐悲，只能艰难地穿过高炮炮弹和烟雾构成的拦截网，在前进途中又有几架战机受伤退出了攻击序列。终于它们进入了投弹区域，飞行员们顾不上认真瞄准匆忙地将炸弹投下，然后以最快的速度离开了战场。

99式舰载轰炸机的飞行员面对的依旧是美军的防空火炮，美军海军陆战队也使用各种自动武器对空中开火，它们面对的火力密度增大了不少。日军第一轮空袭产生了大量硝烟，海面上高达8节的海风更是让硝烟遍布中途岛，海风的风力和风向也加大了99式舰载轰炸机的投弹精确度。日军的99式舰载轰炸机部队开始升到高空然后对中途岛进行俯冲式轰炸，在它们轰炸的过程中也有飞机被击中，“加贺”号上由渡边利一驾驶的舰载轰炸机就在俯冲过程中被防空火炮击中，坠毁在沙岛上。99式舰载轰炸机匆忙投下了242公斤重的炸弹后也离开了战场，整个俯冲轰炸的过程只持续了3分钟。轰炸的主角97式舰载攻击机和99式舰载轰炸机离开后，日军的零式战机部队对中途岛进行了扫射，并四处寻找美军战机。这种嚣张的态度也让零式战机付出了代价，“赤城”号战斗机机队的岩间品次就在扫荡时被东岛的高射火炮击落，攻击机群在扔掉了自己携带的炸弹后在中途岛西部海域上空集合，在空中等待了45分钟左右，让零式战机和失

日本海军使用的爱知 D3A 九九式舰载爆击机

散的战机加入机群。7 点 25 分，日军第一波次战机集结返回自己的舰队。在返航时，它们遭遇了美军的追击，又折损了一些兵力。

轰炸结束后，美军做出了损失统计。东岛美军损失了机场的发电厂和输油管道，被日军炸毁了一个战时指挥所，食堂和邮局被炸成了平地，还有四名士兵在机场附近的散兵坑中被炸死。东岛的机场跑道上也被炸出了一些坑道，医务室附近也被日军炸弹光临。总体来说东岛美军机场遭到了打击，降低了飞机起飞的效率，沙岛被日军炸裂了水管，损失了本来就珍贵的淡水资源。沙岛的储油罐也被日军的炸弹炸毁了三个，引发了大火，加剧了燃料的紧张。日军轰炸沙岛最彻底的地方是美军的生活设施，洗衣房、医疗所、食堂、厨房、禁闭室、承包商楼房全部变成了瓦砾，一些军人的营房也被炸毁。沙岛军事设施的毁伤主要体现在水上飞机机库和存放鱼雷和投弹瞄准仪的仓库被炸毁。两个岛屿上的高炮并没有像日军报告中说的那样被消灭，对日军的空袭依旧有很强的抵抗能力。虽然日军让中途岛上的美军机场陷入了困境，但美军战机早已上路，正在杀气腾腾地飞向第一机动舰队。

第五节

南云忠一的困境

对中途岛的第一轮轰炸，友永丈市在 7 点钟向南云忠一回报时只说了“需要进行第二波空袭”。对于这个结果，“赤城”号上的南云忠一并不奇怪。由于收到了美军可能袭击的情报，第一机动舰队增派了空中巡逻力量。收到回报后不久，“赤城”号回收 3 架零式战机，准备放飞由王牌飞行员兼子正指挥的 5 架零式战机。紧接着定位自己零式战机的是“苍龙”号，“加贺”号、“飞龙”号也在 7 点 10 分以前定位好了自己的零式战机。

7 点 10 分，“赤城”号的警戒哨发现了一批奇怪的战机逼向己方航母，并迅速发出了警告。“赤城”号立刻在舰长青木泰二郎的指挥下调转方向应战敌人。攻击“赤城”号的美军战机就是从中途岛出发的 6 架 TBF 复仇者鱼雷轰炸机和 4 架 B26 掠食者轰炸机。TBF 复仇者鱼雷轰炸机是当时美军最新型号的轰炸机，截止到 1942 年 6 月格鲁曼公司一共才向美国海军提供了 145 架飞机，整个中途岛也只有 6 架这种新型飞机。在生产这种战机后不久就爆发了珍珠港事件，格鲁曼公司开始转入封闭式生产，所以日军并没有这种战机的情报。B26 轰炸机也是正在改进中的新型轰炸机，也没有在太平洋战争中亮过相。日军从上到下对来袭的美军战机情况都一无所知。B26 轰炸机的速度比 B17 要快，它和 TBF 复仇者鱼雷轰炸机都以出乎日军估计的速度飞向了日军航母并展开攻击。由于 B26 是美国陆军航空兵的轰炸机，驾驶它的美国陆军飞行员和驾驶 TBF 复仇者鱼雷轰炸机的海军飞行员以前从来没有进行过配合作战的演习，所以他们各自为战，分别冲向了“赤城”号和“飞龙”号。

从“赤城”号上升空的零式战机在小野善志的指挥下应战来袭的美军。“飞龙”号的零式战机也迅速做好了应战准备。在交战中，两架 TBF 鱼雷轰炸机在第一波攻击中就被日军击落。一架零式战机也在交战中被 TBF 战机被击落，它被击落的地方距离“赤城”号很近，在全舰官兵的注视上成了第一架被 TBF 战机击落的零式战机。“飞龙”号在交战时开动马力以 34 节高速航行躲避美军的攻击，同时向左转舷，用右舷的所有火炮对准了袭来的美军战机。“赤城”号的反应同样迅速，也做出了和“飞龙”号一样的应战动作。“利根”号、“筑摩”号、“长良”号也火力全开，在空中编织了一道火网。日军舰船避开了美军的首轮空袭，让美军战机找不到从容发射鱼雷的机会。

接着“苍龙”号的 6 架零式战机也在王牌飞行员藤田怡与藏的指挥下加入战团。“加贺”号起飞的 7 架零式战机也排成两个中队参与了混战。加上正在升空的兼子正指挥的 5 架零式战机，应战这 10 架美军战机的日军零式战机数量超过了 30 架。刚出工厂的 TBF 还没有经过实战考验，驾驶它的飞行员也不善于发射鱼雷，雪上加霜的是美军的鱼雷当时更是出了名的不靠谱。因此尽管 TBF 鱼雷轰炸机的飞行员艰难地在空战中释放了鱼雷，却没有战果。TBF 鱼雷轰炸机向“长良”号发射了鱼雷，“长良”号距离航母编队的位置是 20000 米意外，这远远超出了美军鱼雷的射程。在日军零式战机合围时又被击落了三架，仅剩下阿尔伯特·厄尼斯特（Albert.K.Earnest）驾驶着 TBF 鱼雷轰炸机面对周围像嗜血鲨鱼一样的零式战机的围攻。厄尼斯特的姓氏 Earnest 在英语中也有决心的意思，厄尼斯特也不负自己的姓氏在敌人的围攻下驾驶着战机冲向了“赤城”号，他向“赤城”号发射了鱼雷，这颗鱼雷被“赤城”号轻而易举地躲过。厄尼斯特发射完鱼雷后就用最快速度飞离战场，他驾驶战机返回了中途岛机场。回到机场后，厄尼斯特才发现他的战机只有水平尾翼的纵向方向舵还能使用，飞机上只有他一个人没有受伤，他同机的战友一死一伤。

兼子正飞上天空时，美军的 TBF 鱼雷轰炸机已经陷入了日军的围攻，处在全军覆灭的边缘。兼子正将目光对准了另一种“大型鱼雷攻击机”（B26当时在日军口中的叫法），该机机身前后有4挺机枪自卫火力强大，速度最高可以达到每小时460公里，最厉害的是它的防护力十分强大，给应战的日军零式战机带来了很大的麻烦，它们在厄尼斯特发射鱼雷的同时也向“赤城”号发射了一枚鱼雷，让“赤城”号在左转躲避厄尼斯特发射的鱼雷后进行了手忙脚乱地右转向。除了给“赤城”号造成麻烦，B26还显示了自己出众的自卫能力，“赤城”号所属的零式战机飞行员羽生十一郎就在激战中被B26的自卫火力击落。日军飞行员也击落了3架B26轰炸机。赫伯特·梅耶斯驾驶的最后一架B26轰炸机还在日军防空火炮和零式战机的双重打击下苦苦支撑，赫伯特·梅耶斯艰难地冲向了“赤城”号，他的战机没有合适的角度发射鱼雷，于是采用了机枪扫射的方式杀死杀伤了多名“赤城”号上的水兵。在“赤城”号舰桥上观战的第一舰队军官被他的突袭弄得非常狼狈，就连南云忠一也不顾自身形象地躲了起来。护航的零式战机和“赤城”号的高射炮手也加强了对这最后一架B26的进攻，赫伯特·梅耶斯的战机变得伤痕累累，但还是对着“赤城”号的舰桥扑了过去，他把自己的战机当成了超大号的炸弹要对“赤城”号进行自杀式的攻击。南云忠一等日军军官看到这一幕都大惊失色，这不符合他们对美国人的认知，在日本人眼中美国人是散漫、懦弱的代表，不可能做出这种举动。“赤城”号上还有不少军官惊慌逃跑，将平常自诩的“武士道”精神完全丢在一旁。更多的日本军官在听天候命，这些人已经认为自己必死无疑。时间仿佛被静止了一样，几秒钟的等待仿佛持续了几个世纪，冲天的火光和爆炸没有提前在“赤城”号上出现。赫伯特·梅耶斯的战机从“赤城”号的舰桥上空飞了过去，它翻滚着坠入了海水中，距离“赤城”号的甲板只有两三厘米的距离。没有人知道赫伯特·梅耶斯最后是如何失误的，也许他在发动袭击前已经伤重不治用最后的力气进行了绝望的冲锋，在冲锋的最后一刻才失去了生命。“赤城”号舰桥上的日本帝国海军精英们长出了一口气，不少人甚至发出了解脱后的欢呼。

这次突袭加上友永丈市的报告，让南云忠一决定加大对中途岛的轰炸力度。7点15分在接到“加贺”号舰载轰炸机分队的报告后，南云忠一下令：今天第二波空袭的全体飞机，换装炸弹。这次换装的重点就是97式舰载攻击机，换装的航母是“赤城”号和“加贺”号。前面我们已经说过日军习惯让不同的航母出动不同的机型，这样可以降低攻击的准备时间。这是当时的作战规则，当天日军也执行了这个作战规则，并留下了记录资料。根据日本资料的记载，南云忠一发出这个命令时“赤城”号、“加贺”号一共有43架飞机装上了鱼雷，要进行换装作业的也只是这两艘航母而不是全部四艘。这和渊田美津雄等人在战后的回忆录中所说的并不一样。在7点40分左右，甘利洋司发来了改变战局的电报：“发现左方大约有十艘军舰，方位十度，距离中途岛240海里。航向150度，航速二十节以上。”这让南云忠一又陷入了困局之中。

接着南云忠一在7点45分前发布了命令：“取消之前下达的重装飞机的指令并且停止更换还没有换上炸弹的飞机上的鱼雷。”幸运女神对日本海军也频繁执意，在当天南云忠一先是在空袭中大难不死，接着又收到了甘利洋司歪打正着的情报。甘利洋司自作主张没有按照事先规定的线路执行侦察，意外地发现了美军舰队。这份情报就像斯芬克斯的谜语一样折磨着南云忠一，让他陷入了15分钟的长考（围棋术语，长时间的思考棋局）。甘利洋司侦察的方位实际上是第5号侦察机的方位，在严格按照计划行事的日军看来是眼中的失职，南云忠一对这个部下情报的准确性也有所怀疑。毕竟在同样线路上的5号机没有发出类似的情报，等于一条侦察线路上出现了两份截然相反的情报，是相信尽忠职守的5号侦察机飞行员还是擅离职守的4号机飞行员成了南云忠一要考虑的第一个问题。其次，甘利洋司的情报十分模糊，对敌人的舰种没有明确的说明。如果美军舰队是以战列舰和巡洋舰为主力，那么10艘战舰就难以在远距离上对第一机动舰队进行威胁。如果美军有航母在10艘战舰之中，那就是南云忠一必须考虑的威胁，因为当时的海风来自东南方向，美军的舰载飞机可能在一个小时左右攻击第一机动舰队的侧翼。南云忠一下令：“查明舰种并保持接触。”南云忠一最信任的参谋草鹿龙之介认为：“敌军舰队中不可能像报告

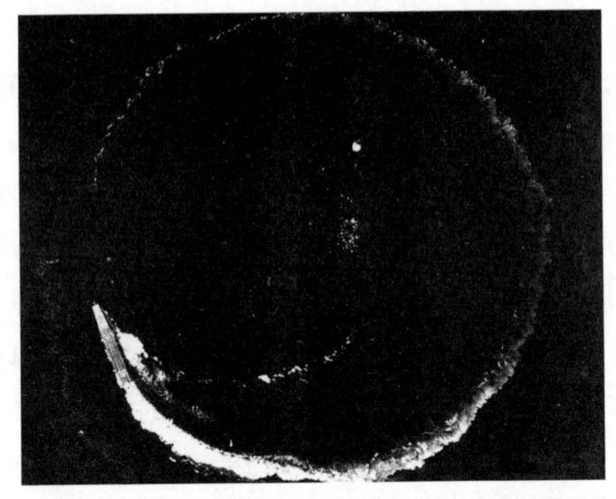

被 B17 轰炸机攻击的“苍龙”号

的那样没有一艘航空母舰。”南云忠一默认了这个推断，认为美军在远方的舰队对自己有一定的威胁，但不致命，即使敌人发动了空袭也可以用四艘航母上的零式战机机群解决掉。

反过来如果日军第一机动舰队对美军发动了进攻，他们手中可以直接用于轰炸的战机数量是多少哪？答案总数是 78 架，分别是“赤城”号上的 18 架 97 式舰载攻击机、“加贺”号上的 26 架 97 式舰载攻击机（吉野晴夫驾驶着一架 97 式舰载攻击机执行侦察任务，所以“加贺”号上的舰载攻击机难以凑成每个中队九架的数量）、“飞龙”号上的 18 架 99 式舰载轰炸机和“苍龙”号上的 16 架 99 式舰载轰炸机。由于当时已经有三分之一的 97 式舰载攻击机已经换上了 800 公斤重的炸弹，按照日军的作战规范，它们很可能会缺席战斗。因此南云忠一实际上可以派出直接进攻的战机数量是 64 架，从理论上说有一次性覆灭美军舰队的实力。渊田美津雄等人建议派出一半的轰炸机对美军舰队实施轰炸，留下另一半的战机作为防守力量，南云忠一拒绝了这个建议。南云忠一的选择还有好几个，每一个都要面临一定的风险。比如派出全部的舰载攻击机和舰载轰炸机，不用零式战机护航；减少舰载攻击机和舰载轰炸机数量，用空中巡逻的零式护航……这些作战方案严重违反日军墨守成规的作战准则，会在战后受到日军高层的严惩。日军是一个注重过程甚于结果的军队，泗水海战中高木武雄不按日军的海战规则用鱼雷击败盟军遭冷遇旧事并不遥远，因此这些方案都被否决了。

在美军第二次空袭前，日军舰队陷入了一个左右为难的境地。他们既要为回收第一波次的战机做准备，又想对美军舰队进行攻击。即使从接到美军情报时开始做战机起飞的准备，他们也需要45分钟左右的时间也就是8点30分左右完成进攻准备工作。而这和日军第一攻击波次回收的时间又有了冲突，日军估计第一攻击波次回归的时间是8点15分。即使南云中一下定决心出兵，他也不可能派出最大的攻击力量。南云忠一的“长考”减少了第一机动舰队的准备时间，让实施攻击变成了不可能的任务。最后南云忠一决定不在此时发动进攻，先回收第一波次的战机再说。

就在南云忠一在苦苦思索的时候，美军的战机已经逼近了日军舰队。7点53分“雾岛”号战列舰燃起了烟雾，显示美军战机即将发起进攻。发起这轮进攻的是从中途岛起飞亨德森少校率领的16架SBD俯冲轰炸机部队，它们是在B26轰炸机和TBF鱼雷机机队出发后才起航的。亨德森少校是海军陆战队的飞行员，和海军的飞行员不同，他没有学习过对舰攻击。亨德森手下的VMSB-241中队的飞行员也都是在几天前才学习驾驶SBD轰炸机，而且半数成员都是临时加入的，整个队伍的战斗经验和默契程度都很远远不够。这支“菜鸟”队伍从偏北方向靠近了日军舰队，进行了当天第二次的决死冲锋。

要发挥SBD俯冲轰炸机的最大功效需要飞行员将战机拉升到数千米高空，然后像鱼鹰捕鱼一样冲向目标，对飞行员的技术和经验有极高的要求。由于亨德森的飞行员都是接触这种战机没几天的“菜鸟”，亨德森本人只好选择了非常不专业的滑翔轰炸。亨德森的具体做法是将机群拉升到9500英尺高度（2895米），在那里对他观察到的日军舰队左舷的“苍龙”号、“飞龙”号实施逐步降低高度的水平轰炸。日军也注意到了敌人的异常举动，9架日本零式战机猛扑向安德森机群。这是当时在空中执行巡逻任务的日军零式战机的总数，还有47架零式战机停留在航母的机库中。

亨德森少校

按照日军的惯例，这9架零式战机分成了三个小队，分别由三名资深飞行员率领。和亨德森比起来，这三个小队的指挥官都是海军飞行员中的精英。他们分别是“赤城”号第六航空队指宿正信大尉，他领着两架“赤城”号上的零式战机加入了“飞龙”号第三空中巡逻队。“飞龙”号资深飞行员儿玉义美指挥两架零式战机。“苍龙”号的藤田恰与藏大尉是所有参加中途岛海战的日美两国飞行员中战绩最出色的一个，他也指挥了两架零式战机应战。在交战中有6架美军战机被击落，其中就包括安德森的战机。安德森的战机在燃起了大火之后，还坚持在队伍中飞行了一段时间。为了表彰亨德森体现出的“斗牛犬”精神（美国海军陆战队的吉祥物斗牛犬以撕咬对手不松口著称，美国海军陆战队也推崇类似的死战不退的精神），美国海军陆战队在随后的瓜岛战役中以亨德森的名字命名了著名的“亨德森机场”。剩下的10架美军战机继续杀向“飞龙”号航母。混战中儿玉义美命丧黄泉。

理查德·弗莱明作为亨德森的副手带领着剩余的SBD俯冲轰炸机终于杀到了“飞龙”号上空，时间是8点08分。“飞龙”号飞机甲板上的25毫米高射机炮迅速射出了一连串的炮弹，阻止逼近的美军战机。滑翔轰炸是战机对陆地目标实施的一种轰炸手段，对于经常要为登陆作战提供火力支援的美国海军陆战队飞行员来说是一种切实有效的轰炸方式。但在当天的作战中却非常不合适，因为这种轰炸方式不接近日军的飞行甲板，而是在空中掠过日军航母让炸弹以滑翔的方式对日军航母进行轰炸，对急速转弯中的航母来说很难命中目标。首轮空袭过后，“飞龙”号一发未中。8点12分，理查德·弗莱明对“飞龙”号进行了最后一次空袭，这次袭击依旧没有取得战果，最近的一颗炸弹爆炸距离“飞龙”号还有50米的距离。

两次空袭中“飞龙”号仅仅损失了一些操作防空火炮的水兵，他们是在美军战机接近时被机枪扫射阵亡的。这次突袭后，这批 SBD 轰炸机也投出了全部炸弹，开始撤离战场。

安德森上少校攻击失败的同时，12 架美军 B17 轰炸机也飞到了第一机动舰队上空。这些轰炸机先在 4 点 30 分左右升空前去攻击田中的运输船队，在侦察到日军的航母后立刻转向，向北前进。虽然日军的零式战机的最大实用升限是 10030 米，但 3000 米到 5000 米才是零式战机的最活跃的舞台，SBD 轰炸机在零式战机眼中看来是更加危险的对手，因此日军飞行员并没有升到自己不擅长的高空和 B17 作战。让 B17 轰炸机飞向这个高度的是美国陆军航空兵中校沃尔特·斯威尼，斯威尼作为陆军航空兵的一员也几乎没有攻击海上舰船的经验，他认为有必要利用自己轰炸机的高度优势规避对手的反击。这个战术有利的一面是避开了零式战机，让日军的防空火炮成了摆设，日军的高射炮发出的炮弹像烟花一样在 B17 轰炸机下方不断爆炸。这个战术不利的一面是加大了轰炸难度，在轰炸技术落后的“二战”时期从 6000 米高空命中固定目标的准确率都很低，需要轰炸机对目标实施“地毯式轰炸”，命中移动中的军舰就更加困难。从 B17 投弹到炸弹落到水面的时间是 30 秒左右，这段时间足以让日军军舰转向并行驶数百米距离。“飞龙”号通过 S 形的转弯航行，“苍龙”号用大幅度的向右转避开了 B17 轰炸机投下的密集炸弹。因此尽管 B17 轰炸机对日军实行了密集投弹，却和安德森少校的机群一样是零战果。

尽管没有遭受损失，第一机动舰队也被美军的轰炸弄得狼狈不堪，恼羞成怒的日军准备反击。反击的第一枪由返航的友永飞机大队展开。8 点 05 分，日军派去轰炸中途岛的第一波次战机已经可以看到自己舰队被美军轰炸的情景。几分钟后，第一攻击波次的战机和撤退的 SBD 轰炸机机群相遇。一架来自“加贺”号的零式战机带着 6 架 99 式舰载轰炸机参与拦截了 SBD 轰炸机，和返航的 SBD 轰炸机进行了短暂的空中格斗。隶属于“苍龙”号的 9 架零式战机看到自己的母舰被 B17 轰炸机围攻，立刻爬升到和 B17 同样的高度，对 B17 轰炸机大打出手。事实证明零式战机在 5000 米以

“飞龙”号正在回避美军B17轰炸机的攻击，摄于6月4日上午8时后。此时“飞龙”号的飞行甲板中央只有少量零式战斗机。

上的高空作战乏力，几架B17轰炸机在交战中被击伤，却伤势不重，还可以继续作战。零式战机对B17的进攻只坚持了很短的时间就宣告结束，因为在飞行了近四个小时后零式战机的油料和弹药都已经处于用尽的边缘。

南云忠一在面对美军突袭的同时也等来了想要的情报，让他在困局中有了自己的判断。7点58分甘利洋司发出了情报：“敌舰队调整航向为八十度。”南云忠一立刻回复：“报告敌舰类型。”。为了确保万无一失，南云忠一还电令“苍龙”号放飞最新型的D4Y“彗星”二式侦察机。8点11分甘利洋司回复南云忠一：“敌舰队有五艘巡洋舰和五艘驱逐舰。”这个情报一度让第一机动舰队的参谋们舒了一口气，让他们产生了自己不是猎物而是猎人的感觉。但在10分钟后，甘利洋司再次上报：“敌人似乎有一艘航母殿后。”甘利洋司的情报成了第一机动舰队毁灭前南云忠一行动的依据。

似乎是为了给陷入思考中的南云忠一增加压力，就在南云忠一一伙人在核实情报和应对美军空袭的同时，美军著名的“鹦鹉螺”号潜艇也赶来凑热闹。“鹦鹉螺”号潜艇得名于法国科幻小说家凡尔纳的名作《海底两万里》，是美国利用一战后获取的德国潜艇技术设计的独角鲸级大型潜艇中的第二艘。该艇建造于1927年，在1930年3月15日正式下水。“鹦鹉螺”水下排水量达到了4023吨，最大航程2万海里，虽然航速慢，却是整个美军潜艇部队中航程最长的。1942年4月21日“鹦鹉螺”号刚刚改装现代化完成，就在5月28日从珍珠港启程参加了中途岛海战。在整个“二战”中，“鹦鹉螺”号战功累累一共获得了14枚战役之星和2次总统集体嘉奖。由于它的赫赫威名，美军还将自己建造的第一艘核潜艇也命名为“鹦鹉螺”号。中途岛海战是“鹦鹉螺”号扬威“二战”的处子秀，当天早上7点10分“鹦鹉螺”号舰长布洛克曼通过观察第一机动舰队上空高射炮的开火情况锁定了敌人的位置。7点55分，也就是中途岛两批次轰炸机对第一机动舰队进行轰炸时，布洛克曼舰长通过潜望镜发现了日军舰队如林的桅杆。就在“鹦鹉螺”号准备大显身手的时候，一架日军的零式战机也发现了这个不速之客，对“鹦鹉螺”号实施了扫射。“鹦鹉螺”号紧急下潜到100英尺深度，并在水下以每小时8节的航速继续前进。到8点钟时布洛克曼舰长认为自己周围有四艘敌舰，按他自己的理解敌人应该是一艘“伊势级”战列舰、两艘“夕张级”巡洋舰和一艘“神通级”轻巡洋舰。这个判断和实际敌情相差无几，围在“鹦鹉螺”号周围的是日军战舰分别是“雾岛”号战列舰、“长良级”级轻巡洋舰“长良”号和两艘“阳炎”级驱逐舰。围住“鹦鹉螺”号的四艘日军战舰距离日军航母有上万米的距离，因此“鹦鹉螺”号并没有发现敌人的航空母舰，布洛克曼舰长就把“雾岛”号战列舰当成了最有价值的攻击目标。日军通过搜索确定了“鹦鹉螺”号在水下的位置，在8点10分“鹦鹉螺”号准备发起鱼雷攻击前抢先发起了进攻，“长良”号投放了5颗深水炸弹。“鹦鹉螺”号不得不紧急下潜，避开了深水炸弹在水下引发的巨大冲击。日军深水炸弹产生的冲击波造成了“鹦鹉螺”号定位针损坏，潜艇其他部分也产生了损伤，整个潜艇都发出了嘈杂的声音，极大地影响了“鹦鹉螺”号的作战。8点15分，“鹦鹉螺”号对4500码外的“雾岛”号发射了两枚鱼雷。结果一枚鱼雷卡在了被损坏的发射管内，一枚鱼雷冲向“雾岛”号时被对方一个左转舷避开了。8 点 17 分日军的反击开始，“鹦鹉螺”号周围又出现了 6 枚深水炸弹，布洛克曼舰长下令“鹦鹉螺”号以最快速度下降到 90 英尺深度。8 点 30 分“鹦鹉螺”号再次被日军“长良”号轻巡洋舰追上，受到了“长良”号 9 枚深水炸弹的攻击。布洛克曼舰长紧急将潜艇下潜到 150 英尺深度，才勉强躲开了这次攻击。“雾岛”号也勃然大怒，它也在发现“鹦鹉螺”号的潜望镜后使用全部右舷火力开火。虽然遭遇了敌人的围攻，“鹦鹉螺”号依旧顽强地坚持了美军的交战准则，那就是发现敌军目标后要毫不犹豫地实施连续跟踪。日军巡逻机和驱逐舰也时不时在水面上发现这艘美军潜水艇露出潜望镜，给日军造成了极大的压力。

担任警戒任务的日军驱逐舰部队和“雾岛”号战舰被“鹦鹉螺”号吸引住的时候，最后一波来自中途岛的访客也抵达了第一机动舰队上空，这是 30 分钟内出现的第三批美军战机，它们的型号是 SB2U“拥护者”轰炸机，数量是 11 架，依旧没有战斗机护航，和安德森少校一样这群老旧的战机也是由海军陆战队的飞行员驾驶的。SB2U“拥护者”轰炸机是美国海军的第一种单翼轰炸机，最大速度是 391 千米每小时，是可以兼职侦察机的轻型轰炸机。它在美国海军中已经被 SBD 无畏者轰炸机取代，在性能上远远落后于日军。这 11 架 SB2U“拥护者”轰炸机的指挥官是本杰明 · 诺里斯，和安德森少校的机组同属于 VMSB–24 1 分队。日军出动了 9 架零式战机保护“赤城”号和“飞龙”号，分别是指宿正信带领的“赤城”号第六航空队、小野善治指挥的“飞龙”号第三侦察队以及“苍龙”号藤田怡与藏指挥的三架零式战机。和这些零式战机的驾驶者比起来，诺里斯团队从作战飞机到作战技术都处于下风，他明智地选择了第一机动舰队边缘“榛名”号和“雾岛”号作为攻击目标。SB2U“拥护者”轰炸机飞行员冒着敌人战列舰的防空火力，专注地冲向目标，谁也没有注意到战友的战机被击落。他们到达“榛名”号和“雾岛”号上空投掷了 1000 磅（454 公斤）炸弹后返航。“榛名”号和“雾岛”号避开了这次攻击，没有一颗重磅炸弹落到军舰上。日军的零式战机飞行员在美军投弹结束后才匆匆忙忙地赶到附近海域，将诺里斯的机群驱逐，并在追击中击落了两架SB2U“拥护者”轰炸机。

在近一个小时的战斗中，南云忠一受到了四波美军战机和一艘潜艇几乎不间断的攻击，神经始终处在高度紧张的地步。而甘利洋司的情报也始终模糊不清，为了核实甘利洋司的情报，南云忠一派出了“彗星”侦察机，但“彗星”侦察机始终没有传来情报。南云忠一不知道的是这架“彗星”侦察机的无线电发报系统出了毛病，因此无法向后方发出任何信息。中途岛美军的空袭对日军没有造成任何打击，却成功地打乱了日军的节奏，让第二次空袭变为不可能，也让日军孤注一掷进攻美军舰队的计划变成了泡影。因为安排这样的进攻，需要日军航母进行复杂的舰上作业，放飞战机更需要合适的风向和角度，匆忙躲避中途岛美军空袭的日军航母不可能做到这一点。在美军的空袭过程中轰炸中途岛的第一波次机群在8点15分左右返回航母附近，这为日军所有的谋划短暂画上了休止符，日军只能选择回收第一波次战机。日军在8点37分到9点12分之间用了45分钟才完成了回收工作，让日军在接下来的混战中失去了主动权。

中途岛海战

·第四章·

大战中途岛

第一节

中途岛美日航母的第一次交战

从6月4号早上7点10分到8点30分一个多小时时间里，日本第一机动舰队躲过了美军四次空袭和一次潜艇攻击，显示了零式战机非凡的空战能力和舰船指挥官出众的操作技巧。日军虽然毫发无伤，也将自身的缺点显露无遗。

首先是防空火力的缺陷，在面对四次美军的空袭中，日军防空火力最大的用处就是加大了美军轰炸机投弹的难度，但却没有击落一架美军战机。这和美军的防空火力形成了鲜明的对比。在日军第一波次袭击中途岛时就被美军高射炮击落四架战机，此前日军偷袭珍珠港时美军高射炮也击落了二十多架日军战机。日本联合舰队是非常注重训练的部队，日军高射炮炮手的训练程度其实比美军同行要高，日军这个糟糕的战绩和自身的防空火力配置有很大的关系。首先日军的高射炮存在着老旧问题，“赤城”号航母上的高射炮是过时的45毫米高射炮，是参战的四艘航母中高射炮最老旧的，日军打算在中途岛获胜后再更换“赤城”号的高射炮。这些老旧的高射炮集中在“赤城”号的中部，无法兼顾船尾和船头。由于“赤城”号左侧有高大的岛式建筑，这些老旧的45毫米高射炮也无法使用，“赤城”号左侧只能凭借25毫米高射机关炮进行对空射击。值得庆幸的是从中途岛起飞的美军战机不善于进行俯冲轰炸，所以这个缺陷就暂时被掩盖了。“加贺”号使用了最新的40毫米高射炮，但火炮控制系统仍是反应缓慢、需要手动操作的91式。91式指引仪出现在1931年，应付的主要敌人是速度不超过350公里、进行水平轰炸的战机。91式指引仪对俯冲轰炸几乎没有招架之功，它只能指引自己的高射炮炮组进行赌博性质的弹幕攻击。“飞龙”号的高射炮和指引仪都是最新装备，但和“赤城”号有着一样的设计问题，左侧一样也是防御的死角。94式指引仪虽然相对91式有进步，可以追踪高速飞来的美军战机，却只能一次追踪单个目标，在对付俯冲轰战机上相对于美军的MK37指引仪处于落后地位。94式指引仪指挥日军的40毫米高射炮只能在7000米距离内开火，而有效杀伤距离通常是在3000米左右。由于技术缺陷，装备94式指引仪的“赤城”号、“飞龙”号、“苍龙”号三艘航母上的40毫米高射炮一次只能应付一架美军战机。除了装备指引仪的大口径高射炮，25毫米的高射机关炮是日军应对2000米高度敌机的主要防空武器。它们的分布情况是“赤城”号、“加贺”号各有6组，“飞龙”号、“苍龙”号有5组。因此在面对美军战机的集中打击时参战的日军航母就只能在2000米到3000米高度应对6到7架美军战机，而且只能驱赶，难以做到击落。

和尼米兹发明的环形防御阵型不同，中途岛海战中的日军依旧使用方形阵型，彼此之间的距离很大，8000米到10000米的间距超过了防空火炮的射程，让驱逐舰和巡洋舰、战列舰上的防空火力无法支援航空母舰。而且日军驱逐舰上只有2门25毫米高射机关炮，无法对己方航母提供有效的帮助。从防空火力配置来看，整个日军第一机动舰队百分之六十的防空火炮都集中在这四艘航母上。

其次由于没有装备统一的通信、指挥系统，南云忠一等人也无法调配所有的巡逻战斗机进行统一作战，日军的防御极其依赖空中巡逻的日军战机的主动性。日军战舰缺少雷达，一方面减少了发现美军战机来袭的反应时间，一方面也加大了巡逻战机的阻击敌人的难度。

由于敌情是“一艘航空母舰，10艘巡洋舰和驱逐舰”，好斗的山口多闻在8点30分提出建议要求自己的第二机动舰队抢先出击攻击美军舰队。这个抢功、甩包袱的提议立刻被南云忠一否决了，因为如果不马上回收第一波次战机，日军海军航空兵部队很可能损失大量的有生力量，这对于南云忠一来说是个灾难。8 点 30 分南云忠一下令让 99 式舰载轰炸机换上 250 公斤重的半穿甲弹，这意味着他将主要目标又换成了美军舰队。除此之外，南云忠一还下令舰队调整方向向东北海域出发，并保持风向在船头前方左右 45 度范围内。8 点 45 分，甘利洋司发电 :“另外发现两艘敌巡航舰，方位八度，距离中途岛 250 海里，航向 150 度，航速 20 节。”在甘利洋司发报的位置正好是美军的第 17 特混舰队，他并没有查明敌人的详细情况，看到的只是第 17 特混舰队边缘执行护航任务的美军重巡洋舰“阿斯托利亚”号和“波特兰”号。此时的甘利洋司所剩油料已经不能支持更远的侦察，他在 8 点 50 分时请求返航。南云忠一拒绝了这个要求，电令他保持原位将无线电发报机打开并保持工作状态。南云忠一的命令固然方便了后续日军侦察机的工作，但也让甘利洋司处于时刻被暴露的危险中，美军可以利用无线电定位技术发现甘利洋司的具体位置。8 点 55 分，南云忠一向山本五十六汇报自己掌握的情况 :“08 : 00，在中途岛方向 10 度、距离中途岛 240 海里，发现了由 1 艘航母、5 艘巡洋舰、5 艘战列舰组成的敌舰队，我们正在朝敌军前进。”南云忠一汇报敌情时，甘利洋司又发来了最新敌情 :“10 架鱼雷机正在飞向机动部队”。这个情报并没有引起日方的注意，甘利洋司发出的这个情报实际上可以推论出美军并不是只有一艘航母，因为这 10 架鱼雷机就是从“约克城”号上起飞的，方位是他刚刚报告过的有两艘重巡洋舰的地方。南云忠一没有重视这个情报，山本五十六也没有更改自己的计划，他们都一厢情愿地认为尽管敌情有变，但自己无敌的舰队依旧可以轻松地应对挑战。

回收第一波次战机是日军当天少有的平静时刻，天空中没有美军战机的身影，只有顽强的“鹦鹉螺”号还在舰队边缘对驱逐舰部队实施骚扰。8 点 46 分，“鹦鹉螺”号悄悄地伸出了潜望镜，发现自己选择的目标依旧在原来的位置。由于日军驱逐舰的侦察，“鹦鹉螺”号不得不再次下潜。9 点钟时，“鹦鹉螺”号通过潜望镜发现了 16000 码外正在回收战机的“苍龙级”航母。就在这时“鹦鹉螺”号的老冤家“长良”号巡洋舰再次出击逼近了“鹦鹉螺”号，这激怒了布洛克曼舰长。9点10分“鹦鹉螺”号对着老冤家“长良”号发射了MK13鱼雷。MK13鱼雷造价高达每枚3万美元，相当于60辆福特T型汽车，但攻击效果很差，对不起自己的造价。它速度只有33节，攻击距离也只有2600码，在“二战”时期战果远远比不上日本的91式鱼雷。寄托了布洛克曼舰长怒火的鱼雷也没有例外，它被“长良”号轻而易举地避开，直接冲向了“长良”号旁边的日军驱逐舰“岚”号，结果又被“岚”号驱逐舰避开。随后“长良”号向“鹦鹉螺”号下潜的水域投下了6颗深水炸弹，20分钟后又投下了8颗深水炸弹。

9点10分，日军四艘航母完成了回收第一攻击波次战机的工作，开始统计己方损失。日军发现己方损失惨重，他们彻底损失了11架战机（可以确认的是被美军战机击落3架，被防空火力击落4架，1架在返航中失踪，其他3架下落不明，这在战斗中很常见），严重受损了14架，还有29架飞机受到了不同程度的损伤，20名精英飞行员战死、失踪，还有几名飞行员受伤不能继续飞行。整个第一波次的战机总数是108架，结果54架

中途岛上被摧毁的油罐

受损，这意味着半数战机失去作战能力。在半个钟头的战斗中，日军损失了舰载机部队百分之二十三的战斗力。第二机动舰队受损尤其严重，他们直接坠毁了 4 架舰载攻击机，受伤迫降了 4 架，还有 9 架被迫退役，剩下的舰载攻击机也几乎都带有不同程度的击伤。这让一向恃强凌弱的日军飞行员感到了恐慌，认识到对手的可怕。

9 点 17 分，回归的第一波次舰载攻击机被逐渐收回了机库。南云忠一下令全舰队掉转航向为 70 度，使用 3 号作战速度（每小时 22 节）前进。日军第二机动舰队两艘航母机库内的机械师们正在紧张地将一部分高爆炸弹换成半穿甲弹（根据日军的惯例，他们在进攻敌人舰队时会用三分之一的高爆弹杀伤敌人的防空火力，三分之二的穿甲弹击穿敌人军舰的防护），准备一旦舰载轰炸机上飞行甲板后就换弹药。而在第一机动舰队的两艘航母内，高爆炸弹换鱼雷的工作很可能已经完成。因为按照日军的工作速度，给一个中队的 97 式舰载攻击机换鱼雷需要 30 到 45 分钟，从 8 点钟南云忠一下令开始时间已经过去了近 80 分钟。就在第一机动舰队忙碌着准备着进攻美军时，9 点 20 分空袭的警报再次拉响。“利根”号和“筑摩”号同时升起了空袭预警烟雾，这表明美军战机已经在 35 公里左右。这次出击的美军飞机来自“大黄蜂”号，它们是当天斯普鲁恩斯组织的不成功袭击的一部分。

前面我们说过弗莱彻命令斯普鲁恩斯尽可能快地发起对日军的进攻，斯普鲁恩斯设定的攻击时间也是在早晨 7 点，如果按照原计划出击第 16 特混舰队的战机很可能会和中途岛上起飞的战机一起进攻，很可能会提前结束战斗。因为在 8 点钟的战斗中少量的日军零式战机一直把防御的重点放在不间断出现的中途岛美军轰炸机身上，在半个小时内几乎没有停歇，第 16 特混舰队起飞的上百架战机会轻而易举地突破日军的防空火力给日军以重大伤亡。斯普鲁恩斯和南云忠一一样是航空作战的外行，而且他还是第一次指挥以航母为中心的特混舰队，在指挥上是纯粹的外行。斯普鲁恩斯学习能力很强，他在两年后的马里亚纳海战中用高超的指挥能力消灭了日军海军航空兵的精锐，但在中途岛海战中他还是不折不扣的外行，几天的时间根本就不可能让他拥有指挥航空兵作战的能力。斯普鲁恩斯只能像南云忠一一样把指挥权下放给自己的参谋班子。事实证明当天第16特混舰队的进攻组织得很糟，几乎没有明确的计划和任务。第16特混舰队参谋长迈尔斯·勃朗宁海军上校拥有丰富的航空兵作战知识，被哈尔西认为是“很了不起”的军官。勃朗宁却不受斯普鲁恩斯喜欢，在6月4日早上他甚至忘了向“大黄蜂”号舰长米切尔讲述作战细节。按照美军的惯例，这意味着米切尔可以自行安排飞机作战。同样得到这个特权的“企业”号舰长乔治·莫里选择了先起飞保卫自己航母的巡逻战斗机和航程较长的SBD无畏者俯冲轰炸机，接着起飞航程较短的F4F野猫战斗机和TBD毁灭者鱼雷轰炸机。这个安排十分合理，符合美军当时的作战惯例。但在执行中出了意外，由于机械故障放飞巡逻战机和SBD俯冲轰炸机后，“企业”号迟迟不能放飞鱼雷轰炸机和F4F野猫战斗机。“企业”号延迟攻击的时候，美军截收了甘利洋司发给南云忠一的电报，斯普鲁恩斯意识到敌人的侦察机就在附近，因此不顾一切地下令“企业”号已经升空的SBD俯冲轰炸机立刻执行任务，不必等待第二批升空的战斗机和鱼雷机。等到“企业”号第二批战机顺利升空飞行后，它们选择了另一条不同的航线，“企业”号放飞自己全部战机的时间是在7点52分。这样“企业”号上起飞的战机就被分成了两部分，这种分兵是兵家大忌。执行过轰炸东京任务的“大黄蜂”号的表现就更加糟糕，舰长米切尔令人费解地在第一时间放飞了F4F战斗机中队，然后再放飞SBD俯冲轰炸机部队和一半的鱼雷攻击机。等到这些战机升空后，米切尔才另外放飞了另一半鱼雷机。这种不合规范的放飞非常浪费时间和战机的油料，等到“大黄蜂”号全部战机升空时，航程较近的F4F野猫战斗机已经在空中等待了45分钟。直到7点55分，第16特混舰队才放飞了自己的全部战机，持续时间接近一个小时，而他们的对手日军第一机动舰队放飞第一攻击波次战机只用了7分钟时间。在战机总数上，美军此次放飞了117架战机，分别是20架F4F战斗机、68架SBD俯冲轰炸机和29架TBD毁灭者鱼雷轰炸机，只比日军多了9架。美军在放飞之初分成了向三个方向飞行的三部分。更

美军飞行员沃尔德隆

让美军难堪的是“大黄蜂”号飞行大队在起飞半个小时后就发生了分裂，沃尔德隆海军少校率领着15架鱼雷机脱离了大部队，因为沃尔德隆认为自己的上司瑞上校偏离了正确的航向，跟着大部队飞行会一事无成。根据当天参战人员的回忆，他们在空中用无线电进行了激烈的争吵。事实证明他是正确的，当天只有跟随着他飞行的鱼雷机部队成了“大黄蜂”号唯一参战的部队。

9点20分左右接近日军就是沃尔德隆带领的“大黄蜂”号鱼雷机部队，他们的番号是VT8。沃尔德隆具有八分之一的切诺基印第安血统，和自己寻找猎物生活的祖先一样他的方向感和直觉也很强，他选择了航向246度，而日军航度调整为70度后，他的部队几乎是直线飞向日军。沃尔德隆在飞行员中的威望很好，因此他所在中队的飞行员宁可违令，也要跟着他前进。沃尔德隆飞行中队的战机进入日军的视野后，日军航母统统进行了左转舷，这样做的好处是让舰船的船头和船尾向敌，可以最大限度地避开鱼雷。沃尔德隆中队开始进攻时，日军的转向还没有完成，三艘航母的右船

“大黄蜂”号上起飞的战机

舷毫无保留地面对着美军。沃尔德隆认定自己面前的三艘航母分别是左右两边的“赤城”号、“加贺”号以及中间的“苍龙”号。沃尔德隆将自己带领的鱼雷轰炸机分成两部分，一部分由海军上尉欧文斯率领，一部分由他亲自带队扑向“苍龙”号。当时“苍龙”号正在将一部分零式战机提升到飞行甲板，自身的防御力量相对较弱。

日军此刻在空中巡逻的零式战机数量是30架，这些零式战机组成了一道难以逾越的空中之墙，让沃尔德隆15分钟的突袭旅程变得艰难无比。沃尔德隆和欧文斯不得不又联合在一起行动，靠着集体的力量勉强有了一点和日军交战的本钱。经过激烈交锋，大部分美机被击落，只剩下三架鱼雷轰炸机逼向了“苍龙”号。“苍龙”号面对杀奔自己而来的美军鱼雷轰炸机实行了急速右转舷，就在“苍龙”号转弯的过程中零式战机又击落了两架美军鱼雷轰炸机，围绕在“苍龙”号周围的美军轰炸机就剩下了一架。这架孤独的鱼雷轰炸机在“苍龙”号800码高度左舷俯冲发射了鱼雷，接着从“苍龙”号上空飞过，“苍龙”号避开了这枚鱼雷。这架幸存的美军鱼雷轰炸机又冲向了“赤城”号，和白根斐夫率领的第七巡逻队展开了最后的较量，最后寡不敌众被击落。沃尔德隆中队的15架鱼雷轰炸机在空战中全部被击落，全中队只剩下盖伊一人侥幸在飞机坠海前爬出了机舱。盖伊出机舱时顺手抓起一个装有橡皮救生筏的袋子，还抓了一只黑色橡皮坐垫。他躲在坐垫底下避开敌人的视线，直到海战区域转移，他才从垫子下钻出来，安全地把救生筏充上气。盖伊直到6月5日才被一架卡特琳娜水上飞机发现并救起。这次进攻打乱了日军的安排，让日军航母的甲板再次被零式战机占据，大大延迟了日军放飞舰载攻击机和舰载轰炸机的时间。

“企业”号出动的美军战机也出现了分散的情况，本来同一批出发的VT6中队和VF6中队居然也在接近敌人舰队时分散了。两支VF6中队的指挥官格雷在视线内失去了VT6中队的身影，格雷发现这一点时是在9点10分。此后他用了不少时间搜寻战友的身影，在搜寻时将沃尔德隆的中队当成了VT6中队。格雷紧跟着沃尔德隆的中队，在沃尔德隆准备攻击时格雷准备飞向高空掩护沃尔德隆。两个美军中队之间因为技术原因没有进行无线电交流，否则沃尔德隆也不会落得全军覆没的下场。这种自说自话的掩护还是出了问题，格雷飞向高空后又失去了沃尔德隆的身影，他没能用自己的10架野猫式战斗机护航沃尔德隆的中队。沃尔德隆全军覆没后的20分钟，VT6中队也对日军发起了突袭，而这时格雷依旧没有和战友联系上。

9点38分，“赤城”号在50公里外就发现了VT6中队的身影。在VT6中队指挥官林德赛的报告中，他这样描述自己眼中的日军舰队：“十分松散的编队阵型，看起来好像是由三艘航母处于编队中央，外围屏障是由轻巡洋舰组成的大约十五英里的圆圈，内圈是由重巡洋舰和几艘战列舰组成的八英里的内环。驱逐舰护卫航母，处于其他的位置。航母和它的护卫驱逐舰各自高速移动，而外围军舰保持相对位置不变，移动速度也没有那么快。”观察敌情后，林德赛将自己的飞机中队分为两个编队，由艾迪海军上尉指挥另一队，每队各自有七架战机。他选择的目标是“加贺”号，此时第一机动舰队的编队已经松散，“加贺”号上方的零式战机数量最少。两支美军飞机分队直接冲向“加贺”号，争取在零式战机赶来前占据有利的发射位置。日军的零式战机发现了美军的企图，他们利用航速快的优势扑向了艾迪分队。艾迪分队也不甘示弱，尽管在机动性上处于劣势，他们依旧用双管机枪进行了还击。在空战中艾迪中队损失惨重，最后艾迪分队只剩下两架鱼雷轰炸机奔向了“加贺”号。艾迪分队的牺牲为林德赛的进攻赢得了时间和空间，林德赛分队在零伤亡的前提下飞到了“加贺”号左舷方，正处于发射鱼雷的最佳位置。“加贺”号面对的局面是两个分队 9 架美军鱼雷轰炸机的围攻，这让冈田舰长冒出了冷汗。首先发射鱼雷的是艾迪分队，他们从刁钻的角度发射了鱼雷。“加贺”号在冈田舰长的操作下向左转躲开了这次鱼雷攻击。林德赛也要发射鱼雷的时候，从“赤城”号上起飞的零式战机中队成了他眼前的新障碍，时间是 9 点 45 分。林德赛不得不和零式战机在“加贺”号附近展开激战。10 点整，随着“加贺”号也放飞了六架零式战机参战，林德赛的战机分队也处于在危险之中。激战开始后林德赛就不断地呼叫战斗机中队支援，格雷率领的 VF6 中队却没有收到这份呼救，他们依旧在空中徒劳地寻找着己方机群，直到 9 点 52 分战机油料即将耗尽不得不返航。林德赛的战机在被日军围攻时第一个被击落，在接下来的战斗中他的分队一共有 4 架战机被击落。由于日军零式战机已经交战多时，它们的 20 毫米机炮已经消耗完了炮弹，只能用机枪作战，而且机枪子弹也消耗了大半，这也成了林德赛中队可以在围攻下艰难突围的原因。日军零式战机飞行员并没有欧洲战场上同行的“空中骑士”精神，他们在击落对手的战机后还会尽可能地杀死对方的飞行员，由于弹药消耗了大半，他们才不得不放弃了全部击落林德赛中队的打算，在他们看来对方的鱼雷机已经发射完了鱼雷对己方军舰没了实质上的威胁，因此没有对林德赛的战机部队进行进一步的打击。林德赛剩下的战机得以从第一机动舰队中心突围而去。

南云忠一的参谋班子也变得自信满满，认为己方的战斗机护航和防空火力可以轻易击退敌人的进攻。源田实回忆说最初他也担心舰队本身的防御问题，但在他们的航空兵轻易击败了沃尔德隆和林德赛的飞机队之后，这种担心消失了。沃尔德隆、林德赛的两次突袭几乎是接踵而至，林德赛冲向“加贺”号时沃尔德隆的中队还在进行最后的冲锋，这两支战机部队的袭击让日军舰队的阵型变得松散。南云忠一不得不在战斗结束后的10点种重新整理了作战阵型，并把舰队航向调整为30度。他向山本五十六发电：“06：30发动中途岛空袭，07：15敌岸机随后发起攻击。我军无伤亡。07：28发现敌军由一艘航母、7艘巡洋舰、5艘驱逐舰组成的舰队，航向西南，速度20节。在摧毁这支舰队后，我们将再次空袭中途岛。10：00我军航向30度，航速24节”。发电完毕后，整个第一机动舰队都开始准备为第二波次出击作准备，按照日军的工作流程，他们会在40多分钟后完成准备工作放飞战机。

在中途岛战役的高潮部分即将到来之前，我们有必要先总结一下此前日美两军的一系列动作。

首先山本五十六的作战计划充满着连战连胜的战争赌徒的战争狂想，他把战役计划当成了不断在赌桌上赚取筹码的过程，在计划中美军会按照山本的计划不断下注，最后被他一把梭哈。但实际上的中途岛战役更像是尼米兹等美军将领擅长的美式橄榄球，中途岛海域成了美军的橄榄球场，他们在玩着一种日本人不熟悉的战争游戏。太平洋战争日军海军的连战连捷建立在自己是攻势一方的基础上，他们的舰载机部队配合得更好，占据着战场的主动权，作战目标更明确，所以接连获胜。在中途岛海战中这些日军熟悉的元素都不在了，南云忠一等日军将领已经在美军预设的战争游戏中被动地玩了几个小时，由于美军的失误，他们还能勉强坚持，但依旧无力取得主动权。截止到1942年6月4日上午10点钟以前日军还保持着对美军空袭几乎全胜的记录，除了零式战机因为高度问题无法对付B17外，零式战机对任何一队来袭的美军战机都取得了不俗的战绩，这让南云忠一等人认为自己的舰队防御如同铜墙铁壁。

我们可以用美式橄榄球的分工来比照当天美日两国交战时各个技术

兵种的作用。首先美日两国的航母相当于美式橄榄球中的四分卫，四分卫是美式橄榄球整个攻击体系的中心，所有进攻战术均通过四分卫传达到场上，和四分卫一样航母也位于舰队的后方，是特混舰队进攻的核心。就像美式橄榄球比赛中截杀四分卫就能取得一定的主动权，在中途岛海战中击伤击沉对方的航母一样可以取得类似的效果。在美式橄榄球比赛中，抱球冲向达阵区"触地得分"可以得到6分，是球队取胜最主要的获胜手段。在中途岛海战中双方航母的飞行甲板和要害部位就是达阵区，攻击达阵区的队员的就是双方的俯冲轰炸机和鱼雷机，这些战机队员手中抱着的橄榄球就是各自携带的鱼雷和重磅炸弹，和美式橄榄球比赛一样确保自己的"橄榄球"和"达阵区"亲密、有效的接触也是这些战机"队员们"的主要任务。为了确保攻击和防御的最大效果，美式橄榄球比赛中会设置防守组（Defense）- 通过擒抱（tackling）对方持球队员、转移传球、截断传球或促成对方失球（fumble）来设法阻止对方进攻得分。在中途岛海战中双方的战斗机部队就担负着类似于防守内锋（站在进攻最前线保护四分卫或在跑动进攻中保护半卫的球员，是进攻组中最强壮的人）和近端锋（为持球的跑锋或是传球队员阻挡防守球员，接住来自传球队员的传球或是与其他进攻内锋一起为四分卫提供更强的保护）的角色，在进攻中它们阻止对方战机的反击担任着类似线卫的角色，在防守时巡逻在空中的战斗机往往担负着类似"角卫""线后卫"角色对任何接近己方达阵区的战机进行赶尽杀绝式的攻击。同样美日两军进行直接攻击的鱼雷机和俯冲轰炸机也可以看作是美式橄榄球运动中的外接手和跑锋。美式橄榄球中的外接手拥有较快的速度和敏捷的身手，可以通过变向摆脱防守，进行接球进攻，也是达阵区的常客。俯冲轰炸机的速度相对较快，在作战中的表现也类似于外接手。而跑锋是美式橄榄球球队中速度最快的人，经常是作为进攻主力攻击达阵区。美日两军的鱼雷轰炸机虽然速度较慢，但作为当时海军公认的主要进攻飞机，它们也起着和跑锋类似的作用。在橄榄球比赛中单纯的进攻队伍是不存在的，无论跑锋速度多快、外接手多灵活，他们都需要其他球员尤其是防守队员的配合，这和当时战斗机、鱼雷轰炸机、俯冲轰炸机相配合的战术很相似。当美式橄榄球队员冲向达阵区附近时，还有最后一道阻碍，那就是站在防守最后方的游卫和强卫。游卫一般站在距离开球线12码附近，处于进攻阵型的弱侧，这个位置让游卫可以较好地防御长传，而且也可以向前支援防守跑球进攻。在以航母为中心的舰队中，驱逐舰和巡洋舰就构成了游卫。在美式橄榄球中强卫排队站在场地中对方进攻队员较多的一侧，我们可以把航母上的防空火力看成是强卫。

和正常的美式橄榄球比赛不同，在6月4日上午10点前的战斗中日军第一机动舰队相当于在一个边际很大的球场内同时面对两支球队。和比赛不同的是，这场海上“钢铁巨兽”间的比赛还需要“队员”们自发寻找对方的达阵区，日军在很长时间内不知道自己面对的是两支“球队”的挑战。即使发现了第二支球队的影子，日军还以为和自己相比对方第二支球队只相当于自己三分之一的实力。而美军的进攻只能用惨不忍睹来形容，从中途岛起飞的美军战机没有对舰队作战的经验，只会一波波地用没有战机保护的轰炸机进行无效轰炸，相当于在橄榄球比赛中只派出进攻队员，而且进攻队员的技术极差。在美式橄榄球比赛中负责阵型变换和战术细节，主教练和战术教练各司其职。在中途岛海战中，美军的“主教练”之一的斯普鲁恩斯无疑还正处于新手磨合期，在战术安排上极度依赖手下的教练组（参谋班子），结果安排的进攻只能用一团糟来形容。日军一方大部分时间处在防守态势，他们的防守力量上以零式战机部队的力量最强，但没有统一的指挥，只能凭借零式战机自己的发挥击退敌人。日军充当游卫、强卫的驱逐舰和防空火力相对较弱，很难面对敌人的突然进攻，只是由于充当“角卫”“线后卫”角色的零式战机部队的超长发挥才勉强保住了自己的达阵区（航母要害部位）。由于美军轰炸机部队多次出现在不同的位置，比如VT8中队（沃尔德隆）出现在第一机动舰队的东北方向，VT6林德赛中队进攻的方向是自南向西，日军的零式战机部队也被分散到多个方向。而且由于是在前进中进行规避美军战机的动作，整个日军舰队的阵型也被大幅度地破坏了，不再是距离严整的方形，变成了以“苍龙”号、“飞龙”号、“赤城”号为一条斜线的疏散直线，“加贺”号则和“赤城”号处在同一水平线上，这个阵型十分不利于防御。6 月 4 日上午 10 点钟左右，第一机动舰队正踌躇满志地准备发起进攻，它的防御阵型已经散乱，但自信心满满，全舰队上下都想一鼓作气击败美军，浑然不知将给他们致命一击的美军战机已经躲在高空中云层内跃跃欲试。

第二节

达阵时刻

给第一机动舰队带来致命打击的美军战机部队分别是VS–6中队（侦察机第六分队，指挥官是海军上尉威尔默·加莱赫）、VB–6中队（轰炸机第六分队，指挥官是海军上尉理查德·百斯特）、VT–3中队（鱼雷轰炸机第三中队，指挥官是海军少校兰斯·梅西）、VF–3中队（战斗机第三中队，指挥官是大名鼎鼎的萨奇）、VB–3中队（轰炸机第三中队，指挥官是海军少校麦克斯韦·莱斯利），这五个中队的战机涵盖了从侦察轰炸机、俯冲轰炸机、鱼雷轰炸机到战斗机在内的多个机种，可以组成一个超过日军防御标准的进攻阵容。从隶属关系上看，这五个中队分属于“企业”号和“约克城”号两艘航母，其中VS–6中队、VB–6中队属于“企业”号，VT–3、VF–3、VB–3中队属于“约克城”号。在中途岛之前发生的珊瑚海海战中“约克城”号所属的三个飞机中队都参与了战斗，表现出了和日军旗鼓相当的战斗力，他们作战经验丰富，起飞后形成了一个完整的攻击阵容。VS–6中队和VB–6中队作为一个飞机大队统一归麦克拉斯基少校指挥，他们起飞出发的时间是7点52分。由于日军第一机动舰队多次折返航向，他们在9点55分才发现了敌人的蛛丝马迹。9点55分时，麦克拉斯基发现了一艘军舰的尾流位于自己机群的东北方向，和他们前进的方向一致，这让麦克拉斯基认定敌人的舰队就在附近。暴露了日军行踪的军舰是日军驱逐舰“岚”号，这艘驱逐舰还在卖力地搜寻“鹦鹉螺”号，它不断地用深水炸弹将“鹦鹉螺”号压制在水下。9点33分时，“岚”号驱逐舰释放的两颗深水炸弹对“鹦鹉螺”号造成了当天最危险的一次攻击。9点55分，“鹦鹉螺”号又伸出了潜望镜。“岚”号驱逐舰不得不加大马力去对付这个水下麻烦，给空中侦察的麦克拉斯基留下了线索。10点正，也就是南云忠一向山本五十六发报的同时，麦克拉斯基已经在空中看到了第一机动舰队众多军舰的尾流，这些尾流距离他的位置是30英里（48公里多）。10点02分麦克拉斯基向斯普鲁恩斯发电："这里是麦克拉斯基，发现敌军"。10点03分，VT-3中队的一名飞行员发现了西北方向日军舰队升起的浓烟，这表明附近海域有日军舰队。“约克城”号所属的三个飞机中队在空中默契地占据了高低空有利的位置，准备对日军进行一场精彩的协同进攻。

美军磨刀霍霍时，日军的零式战机部队还在追杀残余的VT-6中队（林德赛中队）战机和因油料不足被迫返航的VF-6中队（格雷指挥的中队），它们集结在“加贺”号附近或者在舰队的东南方向。10点06分，美军VT-3中队的鱼雷轰炸机被零式战机发现，这些飞机调转方向冲向了美军的鱼雷轰炸机。美军的TBD复仇者鱼雷轰炸机速度较慢，因此VT-3中队抢先出发，争取和兄弟部队打一个完美的高低空联合作战。日军按照以往的作战准则当然把这些扑向自己航母的鱼雷机当成了首要威胁，这在当时的技术条件下并不是错误的选择。VT-3中队攻击的目标是日军第一机动舰队最前方的“苍龙”号，“苍龙”号的周围没有太多的零式战机护航，处于四艘航母的最北边，看起来是一个完美的猎杀目标。此时日军舰队上空的零式战机数量已经增加到了42架，看到己方航母有危险，15到20架零式战机立刻用最快的速度冲向了VT-3中队。TBD复仇者鱼雷轰炸机本来就不擅长空战，它携带2000磅（908公斤）重的MK 13鱼雷时就更加笨重，它攻击敌人最佳距离是3.6公里，因此飞向敌人航母的过程显得格外漫长。和以前的战斗一样，日军的零式战机后发先至，成了堵在VT-3中队前进道路上的一道难以逾越的死亡之墙，在当天上午的多次战斗中屠杀就发生在这个时刻。但VT-3中队有所不同，它们身边就是萨奇率领的VF-3战斗机中队的六架野猫式战斗机。蜂拥而来的日军战机很快就击落了萨奇中队的一架战斗机，包括萨奇在内 VF-3 中队的战斗机数量变成了 5 架，在数量上处于绝对劣势。危机时刻萨奇呼叫自己手下的飞行员使用自己发明出的萨奇剪战术，这个战术他以前和得力部下奥黑尔多次演练过，在珊瑚海海战中他还一直观察日军零式战机的特点，在中途岛海战开战前萨奇已经在中队中推广了这种战术，但在实战中使用这还是第一次。在接下来的 20 分钟空战时间内，萨奇剪战术成了日军的噩梦。萨奇将自己中队剩下的战机分成了两队，他和僚机为一队，另外三架战机为另一队。和零式战机比起来野猫战斗机在速度、爬升率、机动性上都处于劣势，但野猫战斗机的翻滚性能、防护能力和机载火力强于零式战机。萨奇剪战术的具体做法是当一对美国海军战斗机被敌军一架更具机动性的战机（专指零式）攻击时，那架被攻击的飞机便成了“鱼饵”，而他的僚机便成了“鱼钩”。鱼钩和鱼饵会向靠近对方的方向转动，这时路径出现交叉。然后当他们在分叉航线上飞得足够远时，他们又会再次执行交叉航线。一旦次方案成功实施，鱼饵将会在鱼钩的机鼻前通过，同时敌机会在鱼饵的机尾后。这样会给鱼钩获得一个射击窗口并一击致命。萨奇剪也能用于稍大规模的两对战斗机对抗敌机编队，这时候一对作为“鱼钩”，另一对作为“鱼饵”。3 架野猫式战斗机（三架战机也可以使用这种典型的双机战术）使用这种战术不断的驱逐彼此机尾出追击而来的零式战机，利用野猫战斗机的俯冲、翻滚优势在大偏角不断射击迎面而来的零式战机。猎人变成了猎物，零式战机飞行员吃惊地发现在空战中自己很难捕捉到合适的进攻角度进攻翻转中的敌人，由于敌人的火力更强（野猫式战斗机有六架机枪，而零式战机只有两挺机枪两门机炮，在火力点上比野猫式战机少了三分之一）、防御更好（野猫战斗机在驾驶舱周围有装甲护板，而零式战机没有），零式战机陷入了挨打境地。在空战中萨奇和战友配合拯救了两名飞行员，利用这种战术击落了 3 架零式战机，萨奇的僚机也单独击落了一架。五架野猫战斗机在混战中以零伤亡的代价击落了四架零式战机，这是太平洋战争爆发以来前所未有的情景。受到刺激的日军飞行员更加疯狂地扑向美军战斗机，忽略了美军鱼雷轰炸机部队，全然没有意识到这次美军突袭的危险性。

我们把目光转到 VT-3 中队一边，梅西少校带领着自己的队伍向西北方向飞行直扑“苍龙”号，伴随着他们的还有两架野猫式战斗机。9 点 45 分从“苍龙”号上起飞巡逻的川俣辉雄驾驶着零式战机对 VT-3 中队进行了拦截，护航的奇克和薛迪两个战斗机飞行员很快拖住了川俣辉雄的战机。这场小规模空战发生的时间是 10 点 10 分，10 点 20 分薛迪在大偏角位置成功击落了川俣辉雄的战机。看到美军鱼雷轰炸机的逼近，“苍龙”号在 10 点 15 分紧急起飞了 3 架零式战机为自己保驾，紧邻的“飞龙”号也在 10 点 13 分紧急起飞了 3 架零式战机。面对零式战机的威胁，梅西中队不得不挤在一起冲向敌人的航母，挤在一起的好处是可以集中火力对抗敌人的拦截，凭借这一战术梅西中队在艰难的前进过程中还不至于无还手之力。日军零式战机将打击的重点对准了梅西本人驾驶的战机。梅西的战机被击中起火，坠入大海之中。日军战机见状不失时机地将美军鱼雷机部队分割成两部分加以攻击。第一部分美军战机几乎全军覆没，只剩下一架战机，第二部分的美军战机剩下了 4 架战机。梅西中队在冲锋的过程中已经损失了七成的作战力量，他们改变了攻击目标，冲向了自己以前没有注意的“飞龙”号。他们艰难地在空中躲避着零式战机的追杀，为兄弟部队的成功做出了贡献。

梅西中队最后一次无线电通话的时间是 10 点 20 分，梅西和 VB-3 中队的指挥官莱斯利就联合攻击进行了最后的对话，莱斯利询问梅西是否做好了发动鱼雷攻击的准备工作，结果几分钟后梅西的中队就遭到了惨败。莱斯利命令自己中队的战机升入高空，躲进了云层之中，忙着追杀鱼雷轰炸机和萨奇中队的日军零式战机飞行员没注意到他们。缺乏雷达的“苍龙”号也没有发现 VB-3 中队的行踪，当 VB-3 中队进入“苍龙”号东北方向的有利位置时，“苍龙”号正在自西向东调正航向准备起飞更多的零式战机，将自己的右船舷完全暴露给了 VB-3 中队。俯冲轰炸机进行俯冲轰炸时会尽量选择逆风，“苍龙”号调整的方向也正好是逆风方向（这有助于它起飞战机），“苍龙”号的整个舰体完全处于和 VB-3 中队平行的位置，这让227.35米长的舰体成了美军俯冲轰炸机最好的靶子（如果俯冲轰炸机横向、斜向轰炸“苍龙”号的话，炸弹只能落在21.34米宽的舰体上）。莱斯利将整个中队的战机分成了三部分，开始减速准备完成一次完美的海战“达阵”，将1000磅的炸弹扔到“苍龙”号的“达阵区”。

同样悄悄接近日军第一机动舰队“达阵区”的还有“企业”号的VS-6中队和VB-6中队，这两支中队正在从西南方向逼近日军舰队，距离它们最近的航母就是几乎直线平行的“赤城”号、“加贺”号。由于VT-3中队的进攻，南云忠一下令“赤城”号和“加贺”号也准备放飞零式战斗机，这样可以回收一部分弹药和油料将要消耗殆尽的零式战机，10点25分“赤城”号刚刚放飞了木村惟雄驾驶的零式战机。此时4艘日军航母上主要起飞的战机都是零式战机，97式舰载攻击机和99式舰载轰炸机此刻还在四艘日军航母的机库中。为了接近“赤城”号和“加贺”号，VS-6中队和VB-6中队不但充分利用了高空中疏散的云层，还利用了背光的自然优势。日军第一机动舰队没有装备对空雷达，观察敌机全部依靠观察哨水兵的目视，这种前进方式最大限度地降低了敌人发现的可能性。VS-6中队和VB-6中队就像两个身经百战的橄榄球跑锋一样躲开了日军游卫队员——巡洋舰、驱逐舰的观察扑向了“赤城”号、“加贺”号。“赤城”号、“加贺”号的观察哨和甲板上的飞行长都把注意力集中到了VT-3中队的鱼雷轰炸机身上，对逼近自己达阵区的美军飞机一无所知，它们的前卫也就是防空火炮自然也无法做好提前防御的准备。统一指挥VS-6中队和VB-6中队的麦克拉斯基少校下达了攻击命令，命令加莱赫上尉率领VS-6中队攻击左边较近的“加贺”号，百斯特率领VB-6中队攻击右边较远的“赤城”号。麦克拉斯基少校原先是优秀的战斗机飞行员，他指挥俯冲轰炸机部队的时间并不长，兴奋的麦克拉斯基下达的作战命令违背了美国海军的作战原则。按照美国海军的作战原则应该由较近的加莱赫中队攻击相对较远的“赤城”号，百斯特中队攻击“加贺”号。在海军作战中，军事原则在某种程度上高于长官的命令，百斯特在麦克拉斯基发出命令前就带领自己的中队冲向了“加贺”号，要转向攻击“赤城”号已经不可能做到同时

麦克拉斯基

攻击的效果。百斯特用无线电质疑麦克拉斯基，庆幸的是这个质疑由于无线电传送设备的缘故没有发出去，麦克拉斯基错误的指令却阴差阳错地收获了惊人的战果。

10点20分也就是梅西和VB-3中队指挥官莱斯利通话刚刚结束后，日军零式战机还在追杀VT-3中队的同时，麦克拉斯基指挥的VB-6中队和VS-6中队出现在了“加贺”号上空。“加贺”号上正忙着准备放飞、回收更多的零式战机，让森永隆义等97式舰载攻击机飞行员协助担任警戒工作。日军飞行员都有着惊人的视力，但还是比不上雷达，直到10点22分日军警戒哨才发现了美军战机的身影。“赤城”号进行了极速掉头，全力加速到24节。除了掉头转向，“加贺”号16门45毫米高射炮一起开火，在天空中形成了一片弹幕，25毫米高射炮也不顾射程的限制，在美军俯冲轰炸机笔直俯冲时拼命开火。这些临时抱佛脚的措施还是取得了一些效果，VS-6中队排在最前面的三架SBD俯冲侦察机投掷的100磅和500磅炸弹都落在了“加贺”号旁边的海中，掀起了巨大的水花。作为VS-6中队的中队长加莱赫第四个投弹，他驾驶战机笔直地俯冲下去，冒着日军的高射炮火将500磅重的海战“橄榄球”投到了“加贺”号后部升降机的甲板上，在“加贺”号航母上首次达阵成功。“加贺”号飞行长天谷孝久正在“加贺”号船尾处的空中控制站内，看到加莱赫投下炸弹时被震惊得目瞪口呆。加莱赫投掷的海战“橄榄球”成了日军士兵眼中死神的礼物，他们中的幸存者甚至表示自己清楚地记得炸弹的颜色。这颗500磅重的海战“橄榄球”最后进入机库甲板的船员舱爆炸，当场炸死了不少轮休的船员，大火在“加贺”号的生活区蔓延开。这场爆炸也重创了“加贺”号的防空火力，“加贺”号防空平台机械长山崎虎男中佐阵亡，右舷的25毫米防空机关炮被毁。“加贺”号舰长冈田次作无心统计损失，他忙着操作航母躲避美军战机投下的炸弹，成功地避开了第五、第六架美军战机投下的炸弹。第七架美军战机投掷的“橄榄球”角度更胜加莱赫一筹，这颗500磅重的“橄榄球”直接命中了“加贺”号前侧的起降机。击穿了“加贺”号的木质甲板落入升降机内，直接摧毁了停放在机库内的日军战机，杀死了“加贺”号的268名机械师、212名工兵中的大多数。由于日军航母机库中还有很多油料等易燃物，这次爆炸很快引发了连锁反应，不断有油料泄露出来为大爆炸产生的火焰增加燃料，爆炸燃烧产生的浓烟也弥漫在整个航母上。冈田次作仍在坚持指挥，飘荡过来的浓烟不但弥漫了他的双眼，更让他产生了眩晕。“加贺”号在第二次大爆炸中还造成了自身操作系统的损坏，冈田次作的努力成了无用功。紧接着分量更重的1000磅“橄榄球”被VB-3中队的SBD轰炸机投下，这个大块头直接落到了冈田次作所在的舰桥指挥中心。它引发的大爆炸一下子就把“加贺”号舰桥的前半部分变成了碎片，炸死了负责“加贺”号运转的冈田次作（舰长）、川口正雄（副舰长）、宫野丰三郎（炮长，负责所有舰上火炮）、门田一二（航海员）、高桥秀和（通信长）等9名高级军官。如果算上随后战死飞行队长楠木正，整个“加贺”号一共有10名高级军官被毙。这颗重磅“橄榄球”让整个“加贺”号停止了运转，如同蚁巢一样等级分明的日本海军十分注重军官的作用，杀死整个指挥层后“加贺”号陷入了混乱之中。接着又一枚美军的海战“橄榄球”落在了“加贺”号左舷的“达阵区”，舰上的日军已经陷入一片混乱。“加贺”号只能跌跌撞撞地沿着顺时针移动，对于美机轰炸没有任何规避动作，成了一条完美的靶船。接下来美军的攻击就变得越来越简单，就是尽可能地显示自己的投弹技术，连续地命中“加贺”号。日本海军官兵家人送给他们的“千针带”并没有保佑这场不义战争的积极参与者，整个“加贺”号编制人员1340人，在这场突袭以及随后的扑救过程中阵亡811人，阵亡比例是百分之七十。

同样的损失也出现在“苍龙”号上。10点24分“苍龙”号正在进行右转舷，想让自己的零式战机升空，早已做好准备的莱斯利中队不失时机地发起了进攻。第一架美军战机背着太阳，沿着40度仰角从右向左扑向了“苍龙”号。当第一架美军战机高度下降到5000米时，其他的美军战机按照间隔500米的距离依次前进。美军战机的临近也让“苍龙”号上的日军慌成一团，炮长金尾良一不顾己方指示仪没有准备好就下令开火。惊慌失措的日军突然发现自己航母右舷的炮台进入了向前瞄准的死角，急忙上报金尾良一，后者冲着传声筒大喊：“马上给我左转舵。”“苍龙”号用最大的力量进行了紧急掉头左转舵，将右舷炮塔的高射炮对准了美军战机。由于94式指示仪器还没有准备好，日军无法使用40毫米高炮进行反击，只能使用25毫米高射机关炮进行徒劳的射击，这些25毫米高射机关炮的射程远远够不上美军战机。美军的SBD战机好像美式橄榄球球场上的跑锋一样按照迅速扑向目标，都想第一个将“橄榄球”扔到“苍龙”号的达阵区，取得和VB-6中队和VS-6中队类似的得分成就。“苍龙”号周围的天空内已经没了零式战机的身影，它们都在追逐VT-3中队的鱼雷轰炸机，“加贺”号甲板上的机械师也在以最快的速度准备起飞新的零式战机。对金尾良一等日军指挥官来说，时间仿佛变得异常缓慢，他们眼睁睁地看着敌机越来越近，己方的反击却迟迟不能展开，就像眼睁睁地看着敌人的刀砍向自己却拔不出刀反击格挡一样。这种焦急只持续了很短的时间，因为美军的SBD轰炸机在这种千载难逢的黄金进攻时刻果断的投出了“橄榄球”，这颗1000磅重的战争“橄榄球”不偏不倚正好命中了“苍龙”号右舷的一号炮台附近。大爆炸将巨大的94式指引仪彻底报废，日军的40毫米高射炮彻底变成了瞎子，爆炸还把8门25毫米高射机关炮变成了废铜烂铁。金尾良一在大爆炸中逃过一劫，炸毁的94式指引仪意外地为他挡住了爆炸产生的冲击波和弹片，他的手被爆炸产生的火焰严重烧伤。第一个在“苍龙”号上取得达阵成就的美军飞行员是第一分队的霍姆博格海军上尉。其他两支分队的飞行员也不甘示弱，在随后的一分钟之内两次将“橄榄球”投掷在“苍龙”号的达阵区。第三分队的分队指挥官沙姆韦在短短几秒钟后取得了第二次达阵成就，他将炸弹投到了“苍龙”号舰体的中央。沙姆韦投下的这颗炸弹对“苍龙”号舰上人员的杀伤力最强，它穿透了飞行甲板，直接落到了机库，在机库内爆炸，炸毁了大量99式舰载轰炸机。这次爆炸不但破坏了机库内的日军战机，还破坏了“苍龙”号锅炉房内的蒸汽管道，泄露的高温蒸汽将锅炉房内工作的日军水兵全部烫死。第二颗炸弹引发的连锁反应让日军甚至产生了自己被鱼雷攻击的错觉，整个“苍龙”号的动力系统也因为锅炉系统被破坏而受到严重损害，“苍龙”号引以为傲的速度优势不复存在。沙姆韦的“达阵”攻击让整个“苍龙”号上一片狼藉，分队中另外两架战机飞行员甚至认为“苍龙”号会就此沉没，放过了重伤的“苍龙”号，将轰炸目标对准了旁边的“矶风”号驱逐舰。第二分队由于“苍龙”号的规避动作，在三个分队中最后一个靠近“苍龙”号。第三分队指挥官波顿利海军上尉也将炸弹投掷到了“苍龙”号船尾的飞行甲板，在日军机库中形成了第二次大爆炸，爆炸毁掉了机库中不少97式舰载攻击机。在波顿利投弹成功后，第二中队剩下的两架可以进行俯冲投弹（VB-3中队有17架战机，由于机械故障，只有13架可以投弹，其他4架战机不得不把炸弹扔进了大海，其中就包括中队长莱斯利的战机）的战机也对“苍龙”号没了兴趣，它们把攻击目标换成了“榛名”号战列舰。美军毁灭“苍龙”号的进攻只持续了一分多钟，就让“苍龙”号1103名编制人员减员711人。

两艘航母被重创让南云忠一等人目瞪口呆，这是日本海军自1895年以来第一次出现两艘主力军舰被毁灭，突如其来的大爆炸沉重地打击了日本海军高级军官的信心，让他们的注意力都集中在“苍龙”号和“加贺”号的自我救援身上，很多人都在暗自祈祷高天原的日本诸神保佑这两艘凝聚了日本海军骄傲的航母获得自救，没人注意到百斯特带领的三架美军战机已经悄然逼近。中途岛海战中的美军突袭中以百斯特上尉的这次突袭最为传奇，是整场海战中的神来之手，也正是这次突袭让山口多闻疯狂的反击变成了自杀行为。百斯特的中队在轰炸“加贺”号时出了意外，大部分战机按照麦克拉斯基的错误指令参与了围攻“加贺”号，百斯特和另外两架战机紧急脱离了轰炸队伍。百斯特看到“加贺”号陷入火海后，决定轰炸其他的日军航母。由于百斯特中队其他的战机都在轰炸“加贺”号的过程中丢下了全部炸弹，能和他一起同行的就只有艾德温·科勒格尔少尉和弗雷德里克·韦伯少尉两个人驾驶的战机。百斯特全部攻击队伍只有三架战机，没有战斗机护航，和轰炸“加贺”号、“苍龙”号的美军机群比起来战斗力差了数倍，他们的攻击力在理论上说不足以威胁日军剩余航母中的任何一艘。但百斯特依旧决心试一下，他选择的目标是距离“加贺”号最近的“赤城”号。“赤城”号是第一机动舰队的旗舰，也是麦克拉斯基原先交给他的任务。百斯特的名字在英语中是“最好的”的意思，他这次的进攻也可以称得上是当天“最好的”进攻。百斯特的三架战机在空中没有停留整队，他们的战机早在旁观“加贺”号毁灭时就组成了标准的“V”型进攻编队，这大大加快了他们的突袭速度。在这个进攻编队中百斯特位于中间靠后的位置，两架僚机位于他前方 75 英尺到 100 英尺（22.86 米到 30.48 米）的距离。这次袭击并不是标准的教科书式的笔直俯冲，百斯特等人的飞行高度不够，因为重新拉升战机会浪费时间，从而让日军有所防备。他们进攻的时间是 10 点 25 分，当时“赤城”号上刚刚准备放飞木村惟雄的零式战机，如果时间稍微延迟半分钟，木村惟雄的战机就会阻挠百斯特等人的投弹。木村惟雄的战机正在沿着“赤城”号的甲板边缘前进，就在将要起飞的时候，他听到了己方航母上刺耳的防空警报声。“赤城”号终于在百斯特等人投弹前发现了危机，但为时已晚。“赤城”号上的炮手开始手忙脚乱的使用 94 式指引仪瞄准，试图为 40 毫米高射炮指明方位。“赤城”号一旁的“野村”号驱逐舰也奋力开火为旗舰提供防空火力，“赤城”号自身只有 25 毫米高射机关炮可以使用，这些弱小的防空火力并没有给百斯特等人的投弹带来麻烦。百斯特瞄准了“赤城”号的舰桥，他想一举消灭第一机动舰队的指挥层。他的一架僚机瞄准了“赤城”号甲板上停着的一架敌机，另一架僚机瞄准了“赤城”号舰首飞行甲板上巨大醒目的“日之丸”。百斯特带领的三架战机在俯冲轰炸中依旧保持着V字队形，因此他们的炸弹落点也一样保持着V字形状，可以肯定的是落在“赤城”号中部的炸弹就是百斯特本人投下的。

“赤城”号的防空火力对百斯特的投弹毫无还手能力，能够让它减少甚至避开致命伤害的就是只有依靠青木泰二郎舰长的操船技巧了。青木泰二郎舰长进行了紧急右转舵，将船舷对中百斯特等人。从百斯特等人的角度来看，“赤城”号船头先朝北后朝东，在海上划出了一个大圈。但这个转弯速度相对于每小时250节（463公里）的SBD俯冲轰炸机来说还是太慢，百斯特等人在“赤城”号完成转弯前就成功投下了炸弹。第一颗炸弹是百斯特的僚机投下的，它落在了“赤城”号船头附近，距离“赤城”号的左舷只有5到10米的距离。在这个距离上爆炸的炸弹被各国海军称为“近失弹”，它虽然不能直接杀伤舰体，但产生的水柱和冲击波对舰船一样有影响。这颗近失弹产生的水柱高达24米多，水花让“赤城”号甲板上的每个人都成了落汤鸡。百斯特第二个投弹，投掷出了整个中途岛战役中最神奇的一击。百斯特在美国海军飞行员中以投弹精准而著称，他的战友默里这样评价他的投弹技术：“没有人能比百斯特俯冲的角度更大，保持的时间更长”。百斯特瞄准的是“赤城”号舰桥，由于“赤城”号的移动，他扔到“赤城”号达阵区的1000磅重“橄榄球”落在了升降机附近穿透了飞行甲板，在停放97式舰载攻击机的机库内爆炸。这次爆炸给渊田美津雄留下了深刻的印象，他被这次大爆炸产生的冲击波推到了一边，在短暂的失明后，他惊讶地看到不少战机被这次爆炸产生的冲击力推出了飞行甲板。百斯特分队投下的第三颗炸弹也几乎落在阵区，那颗炸弹命中了“赤城”号的船尾，却擦着飞行甲板落入了海中。百斯特分队的第三颗炸弹给“赤城”号造成的直接损失是：后部甲板产生了一个孔洞，一名医护兵不幸阵亡。第三颗炸弹在船尾海域产出的爆炸产生了巨大的水柱，在这个距离上它产生的冲击力也对“赤城”号的船体造成了不小的损伤，让不少“赤城”号的幸存者都产生了被命中的错觉。“赤城”号上的平民摄影师牧岛定内亲历了“赤城”号的毁灭时刻，他的记录是第三颗炸弹没有击中。

10 点 35 分“飞龙”号也遭到了 VT-3 中队的进攻，三艘航母受重创让零式战机部队大为震怒，他们已经顾不上追杀 VT-3 中队，而是把怨气撒到了撤退的 SBD 俯冲轰炸机身上，VT-3 中队残余的 5 架战机这才有了突袭“飞龙”号的机会。这次攻击依旧没有取得战果，最高时速 34 节的 MK13 鱼雷（这个速度在鱼雷中不算出众，日军的 91 式鱼类是 41 节，“飞龙”号的最大速度也是 34 节）被“飞龙”号轻而易举地避开了。在交战中，“飞龙”号附近的零式战机击落了三架 TBD 鱼雷轰炸机。“飞龙”号的防空火炮也给美军战机发射鱼雷增加难度，甚至它们还击落了自己的飞行员藤田恰与藏。“飞龙”号上不少人都认为自己的误击杀死了藤田恰与藏。藤田恰与藏却大难不死，他控制着飞机降低到 200 米高度，爬出了驾驶员座舱，在落水前几秒钟打开了降落伞。幸存的藤田恰与藏也来不及找“飞龙”号相关人员的麻烦，因为他的航母“苍龙”号已经成了火海，他不得不在海上漂流了四个钟头后才被“野分”号驱逐舰收留。此时，第一机动舰队已经损失了四分之三的航母。

第三节

生存还是毁灭

美军战机的攻击在组织上算不上完美，但战果却有如神助。美军飞行员们扬长而去，准备返回自己的航母和战友们分享胜利的滋味而中途岛海战中的另一方日本海军却还要在遍布着浓烟、大火、尸体的航母甲板垂死挣扎。

中途岛海上燃烧的三艘钢铁巨兽“赤城”“加贺”“苍龙”凝聚了日本人全部的聪明、汗水和勃勃野心，也凝聚了这个民族的短视、愚蠢和锱铢必较。日本海军建造这三艘海上巨兽时最看重的因素就是它们的攻击能力，对它们的防护能力并不看重，因此这三艘航母的防护性能相对于英美航母而言都远远不足。由于此前日本海军的战斗都是攻势作战，第一机动舰队少有遇到旗鼓相当对手的时候，所以日本航母防护上的不足就被掩盖了。即使在普遍使用木制飞行甲板的“二战”各国航母中，日本航母上的木制品也远远超过自己的对手美国航母。由于日本的铁矿石几乎全部需要进口，加上日本钢铁产量只有美国的十分之一，日本航母在能节省钢铁的地方都选择了木材。日本航母上所有的家具设施都是木制品，比如椅子、桌子、办公桌等等。此外日军航母的卧铺舱也铺了木质地板，地板和甲板之间还用了大量木材填充物。除了木材多，日军航母上的输油管道设置也是一个致命的缺陷。日军航母上的输油管道和船头、船尾的储油仓紧密相连，一旦遭遇起火，火焰可能通过十字状的输油管道一路烧到储油仓。而且日军航母上的储油仓的密闭工作也十分不过关，储油仓很容易因为舰体受到打击而产生漏油。日军航母还把携带的高爆炸弹和鱼雷分别放置在船头和船尾，为了装弹方便还在弹药室附近设置了升降机。因此日军航母的船头和船尾是美军炸弹光临的重点地区，一些炸弹还从升降机口直接落入了机库引起了大爆炸，这都是日军航母设计人员没有设想到的。日军对航母的要求是最大限度地起飞战机，最好能用一波攻击就消灭敌人所有的抵抗，因此和美军航母一样选择了不给自己的飞机库增加防护钢板。日本、美国、英国是“二战”中建造航母的三个主要国家，其中以日军航母的防护能力最差。英国航母和日本航母一样是封闭式机库，但英国海军在机库顶部加了一层防护装甲。这样做的好处是增加了航母的防护能力，坏处是由于防护装甲过重让英国海军无法在航母内建立双飞机库，减少了舰载机数量、降低了舰载机起飞频率。因此英国海军航母搭载的舰载机数量一般是 48 架，少于日军和美军航母的 60 到 100 架，由于英国皇家海军在“二战”中的主要对手纳粹德国海军没有航母，所以英国的航母设计也算实用。和英国海军相反，美国海军采取了开放式机库设计，也没有在机库上设置防护钢板。美国海军航母可以在飞行甲板上进行补充燃料和预热工作，美军航母的优势是可以像日军航母一样搭载更多的战机，由于是开放式甲板，他们在遇到突发情况时可以将危险的燃烧物推下大海，同样为美军航母护航的驱逐舰也可以在航母打开机库出口时进行消防支援，我们经常可以在“二战”的老照片上看到类似的场景。虽然美军航母的防护比较薄弱，可有两个因素让这种缺点变得可以接受。一是相对于日军航母，美军航母在消防管损上做得更出色，开放式的机库有利于消防。二是美国强大的工业生产能力，这让它更能承受损失。和英美两国的航母比起来，日本的航母可谓是集两者缺点于一身。首先，日本航母是封闭式机库，在机库中有燃油、炸弹、鱼雷等易燃物，日本航母没有像英国航母一样建立完备的储藏仓、准备仓等隔间将机库隔离开，也没办法像美军的开放式航母那样可以迅速地将易燃物推下海。日军的封闭式机库非常闷，终年充斥着油污和挥发性易燃气体，一旦炸弹贯穿飞行甲板落到机库内爆炸就可能产生连环爆炸。其次为了追求起飞最多数量的战机，日军同样没有给机库增

“加贺”号燃烧

加防护甲板，这就造成了敌人的炸弹极易贯穿木质飞行甲板落入机库内产生爆炸。日本航母的设计缺陷加大了美军轰炸的效果，让三艘航母在受到打击后便损毁严重，无法自救。

在三艘被美军轰炸的航母中“加贺”号第一个被轰炸，受创最严重，也是第一个进行自救的航母。“加贺”号上专门负责管理损伤控制的国贞义雄海军大尉首先行动起来，他命令身边的人拿起灭火器去灭火，并召集其他的船员一起采取行动。国贞义雄在“加贺”号受到袭击时正在甲板下靠近飞机库的地方讨论防空措施，因此成了幸运的漏网之鱼。国贞义雄很快凑齐了 20 多人，开始四处救火。作为管理损伤控制的指挥官国贞义雄本能地想到要打开“加贺”号上的泡沫灭火装置，这个装置在顶层机库和底层机库都有配置，打开后可以向甲板喷射海水和肥皂水的混合物，是日军航母消除大火的最佳装置。泡沫灭火装置的喷嘴安装在甲板上方 1.5 米到 2 米的高度，由环状排布的主火警管道进行供给，和输油管道十分类似。当国贞义雄来到顶层机库时发现泡沫灭火装置无法启动，原因是给泡沫灭火装置提供水源的左舷、右舷消防水管都无法使用。原来是美军的三颗炸弹击中了飞机库的防护板底座，消防水管恰恰都在上面。另外，救火抽水机也无法使用，原因是为抽水机提供备用电力的紧急发电机位于顶层飞机库上，距离高射炮炮台不到 20 厘米，美军投下的第二颗重磅炸弹在命中高射炮台的同时也将紧急发电机炸成了碎片。除了硬件设备被毁，整个航母消防指挥上“软件”损伤情况更为严重。和全舰人人接受消防培训的美军不同，日本海军只是培养了一部分水兵充当消防员，一艘上千名船员的航母上只有 200 多人受过专业的消防培训。国贞义雄懊恼地发现全舰大部分的消防员都在爆炸中被杀死，自己只能带着 20 多人去扑灭整艘军舰的大火。更加要命的是机库中的火焰已经离弹药库越来越近，弹药库中的鱼雷和炸弹也成了随时爆炸的超级大爆竹。在“苍龙”号的弹药库内还储存着大约 20 枚 91 式鱼雷，这些 800 多公斤重鱼雷身上都装有 240 公斤的高爆炸药；28 颗 800 公斤炸弹和 40 颗 250 公斤炸弹，整个弹药库内的高爆炸药重量超过了 36 吨。平常给战机装卸这些弹药都需要车辆的帮忙，根本就不可能凭借人力推动它们。很快，第二场爆炸发生了，国贞义雄昏迷过去，没有见到紧接着的四次大爆炸。这些爆炸最初就是由于受热油蒸气和明火产生的燃油爆炸，燃油爆炸又引发了弹药库的连锁爆炸。“榛名”号战列舰上的船员清楚地看到了一朵红黑色的蘑菇云从“加贺”号上升起，宣告了“加贺”号的彻底灭亡。

和“加贺”号处在同样境地的还有“飞龙”号的姊妹舰“苍龙”号，“苍龙”号在一分钟内被三枚美军炸弹几乎完美地命中，受到了致命的伤害。首先“苍龙”号的三个防火区被这三枚重磅炸弹分别命中，这让日军的局部控制消防技术没了用武之地。其次这三枚炸弹爆炸产生的连锁反应也加速了“苍龙”号的毁灭，让它的舰上人员无力减少损伤。霍姆伯格投下的第一颗 1000 磅炸弹直接摧毁了“苍龙”号右舷的炮台和机库，爆炸引发的大火还点燃了弹药准备室，这让“苍龙”号处在大爆炸的边缘。沙姆韦投下的第二颗炸弹从上层机库穿透到底层机库，在 99 式舰载轰炸机群中爆炸，底层机库很快变成了一片火海。第二颗炸弹爆炸后的碎片很可能飞到了保护锅炉烟囱的隔板上，造成了“苍龙”号锅炉倾斜。底层机库大火的火苗很快威胁到了承载 3 号、5 号、6 号锅炉室的天花板，整个“苍龙”号的动力系统及操作人员都被第二颗炸弹重创。波顿利扔下的第三颗炸弹垂直地在“苍龙”号机尾机库中爆炸，引爆了上层机库中的 97 式舰载攻击机。这些攻击机都正在“苍龙”号内进行加油维修，准备在 20 多分钟后起飞，大爆炸也引爆了输油管中的汽油，让整个机尾也被大火吞没。“苍龙”号的机库全部在燃烧，不断有小型爆炸在船舱内发生。在爆炸不断发生的情况下，“苍龙”号的指挥官们仍待在舰桥内，摆出一副与军舰共存亡的架势，他们身边就是爆炸中被烧死的同事，舰长柳本柳作的脸上还有烧伤的痕迹。他们的模样犹如古代日本武士的作派，但对整个“苍龙”号来说是于事无补的作秀，因为他们没有在第一时间了解全船情况，没有组织人员进行扑救或者撤离，只是在自己的指挥室内演出了一场无声的荒诞哑剧。10 点 40 分到 10 点 45 分五分钟之内“苍龙”号就经历了一共 6 场大爆炸，让阵亡人数从 419 人飞速上升到 700 人以上。柳本柳作看到自己三分之二的船员都变成了尸体，在 10 点 45 分下令弃舰。

在“加贺”号和“飞龙”号上的情形不同，“赤城”号上的官兵一开始并不认为自己的军舰会沉没。尽管被百斯特的炸弹命中，“赤城”号却有几分钟时间没有产生大火，让“赤城”号损失了黄金救援时间。这颗被百斯特巧妙投进“达阵区”的炸弹摧毁了“赤城”号机库和升降机之间的防火帘，还炸毁了 40 毫米高射炮的弹药库，还让机库旁的加满燃料和鱼雷的 97 式舰载攻击机也有了爆炸的可能。由于机库内的升降机就在爆炸中心附近，在爆炸起火的前提下使用升降机救火很可能造成升降机掉入底层机库，起到扩大火势的反效果，所以日军的消防队难以在第一时间使用升降机下到机库中救火。10 点 29 分青木泰二郎舰长想到了用军械起重机进入炸弹和鱼雷库的主意，于是他下令将这两个仓库灌满水，消除爆炸隐患。前面的仓库很快被灌满了海水，后面的仓库却因为阀门受损，不能执行灌水作业，原因是“赤城”号的船尾部分被一颗近失弹损坏了。投向“赤城”号的第三颗炸弹在“赤城”号的船尾砸了一个洞，砸死了一个医护兵，其在水下爆炸产生的冲击力又破坏了“赤城”号的左船舵。青木泰二郎派出的维修人员很快查明了原因，并进行了十几分钟无效的抢修。10

点 32 分青木泰二郎下令用底层机库中的二氧化碳溢出装置灭火，从底层机库里传出浓烟已经让他感觉到了危险。由于不知名的机械故障，二氧化碳溢出装置并没有发挥作用。火势开始从机库蔓延开来，而日军却手足无措。从“飞龙”号的角度来看，“赤城”号似乎还有一战之力，因为它还能在海中前进，它爆炸起火从外部看来最小、最容易扑灭。山口多闻还兴冲冲地向全舰宣布舰队旗舰还在高速前进，它受到的损伤比较轻微。随着火焰距离发动机室越来越近，青木泰二郎下令关掉发动机，“赤城”号的速度降到了每小时 3 节。10 点 42 分，“赤城”号机械长反保庆文中佐下令全体人员从发动机室撤离，并向火控指挥汇报了发动机室的情况。一分钟后的 10 点 43 分，“赤城”号机库中的大火通过升降机冲出了机库，在上百吨易燃木材构成的飞行甲板上燃烧起来，大火在瞬间吞没了两架没有起飞的零式战机。由于其中一架零式战机和舰桥相连，对舰桥内的第一机动舰队指挥官们也构成了直接威胁。水兵们的扑救也阻挡不了火势的进一步蔓延，舰桥指挥室内很快浓烟滚滚，青木泰二郎请求南云忠一等人撤离指挥室。这个合理的要求遭到了南云忠一的拒绝，他和青木泰二郎就这个问题争吵了好几分钟仍然不肯作出妥协，他拒绝撤离到其他舰船上去。南云忠一牢牢站在罗盘边上的甲板上，像输红眼的赌徒一样默念着“时候还未到”。草鹿龙之介作为南云忠一最信赖的参谋长，也无法说服自己的长官。最后青木泰二郎鼓足了勇气对草鹿龙之介说道：“长官，我是舰长，我会全权负责照料航母。因此，我命令你，南云司令官，以及其他参谋们尽快离开。只有这样才能保证部队有人去指挥。”草鹿龙之介也鼓足了勇气，亲自向南云忠一施压，指出航母已经被大火吞没，很快就要沉入海底，通信设施也工作不了，无法作为指挥舰了。他还提醒道，南云忠一还有自己分内的任务要做，为此他可以转移到战列舰上去继续指挥战斗。经过五分钟的争吵和施压，南云忠一终于在现实面前妥协了。南云忠一的犹豫给撤离带来了巨大的困难，指挥室周围变成了火海，火焰将所有的退路都封死。他们只有狼狈地打开窗户才能脱逃，从窗户到消防台还有四米多高，一个不小心就可能摔伤甚至致死。有人紧急找来了一根绳子，把它拴到窗户框上，才让这群日本帝国海军的精英像越狱犯一样逃出生天。南云忠一第一个出逃，他身材矮小很快逃到了消防平台上。第二个出逃的是草鹿龙之芥，草鹿龙之芥是一个灵活的大块头，他是日本海军中的剑道高手。草鹿龙之芥的大块头让他在比赛时占尽了优势，在逃命时却成了累赘，他被卡在了窗户中间，靠其他人用力推搡上才让他挤出了窗户。被同伴推出窗户的草鹿龙之芥在爬绳索这个水兵的常见训练项目上也丢了分，他几乎是掉到了下面的消防平台，他的双膝被扭伤后还遭到了火焰烧伤。最后一个逃出的军官是渊田美津雄，他拖着病体顺着梯子爬下。就在渊田美津雄接近消防平台时，巨大的爆炸发生了，冲击波将渊田美津雄直接掀到了 1.8 米以下的飞行甲板，让他的双腿、膝盖、脚磕都摔坏了。渊田美津雄就像一条鱼一样被摔在了甲板上，他已经无法走路，只好翻身用胳膊撑着艰难地爬行。两个水兵发现了他，他们搀扶着他来到了舰首甲板和南云忠一会合。11 点 27 分，他们一起登上了“长良”号轻巡洋舰。

在南云中一撤离指挥室的 10 点 50 分到 11 点 27 分之间，巡洋舰分舰队的阿部弘毅少将成了第一机动舰队的代理指挥官。阿部弘毅和山口多闻同属少将，按照日军论资排辈的习惯，身为江田岛军校 39 期毕业生的阿部弘毅比江田岛军校 40 期毕业的山口多闻更有资格充当舰队临时指挥官。阿部弘毅在 10 点 50 分如实向山本五十六上报了交战情况 :“现在‘加贺’号、‘苍龙’号以及‘加贺’号上大火肆虐，因为他们遭受到了敌军陆基和舰载飞机的攻击。我们计划让‘飞龙’号前去牵制敌方航母。同时，我们准备暂时北撤以求重新集结部队。”山本五十六在“大和”号豪华的指挥室内看完了阿部弘毅的电报，在一声叹息后仿佛老僧入定。在“大和”号上的其他人看来，他们的长官就像变成了石头人，面部不断地抽搐着。

10 点 50 分，阿部弘毅少将下令山口多闻反击。好战的山口多闻在 5 分钟前的 10 点 45 分就下达了作战命令。在他的命令下，小林道雄率领 18 架 99 式舰载轰炸机充当对海攻击的主力，重松康弘率领 6 架零式战机为小林道雄的中队护航。18 架 99 式舰载轰炸机被分成两个中队，小林道雄率领第一中队，山下途二率领第二中队，每个中队各有 9 架战机。由于报复心切，山口多闻没有耐心等待 97 式舰载攻击机装上沉重的鱼雷，因此这次攻击的飞机阵容相对简单，准备时间更短。小林道雄中队的 99 式舰载轰炸机三分之一装备了 242 公斤高爆炸弹，这种炸弹主要用于摧毁防空火力和舰上人员；三分之二的战机装备了 250 公斤半穿甲弹，目的是击沉敌人的军舰。10 点 57 分，小林道雄中队从“飞龙”号甲板上起飞。

中途岛海战

·第五章·

结　局

第一节

困兽犹斗

小林道雄中队离开后，山口多闻下令重新武装97式舰载攻击机，希望能在中午前完成所有工作。此时“飞龙”号上还有7架完好的九七舰载攻击机可以工作，另有两架受损战机还在争分夺秒的修理。受损的两架97式舰载攻击机中就包括友永丈市的战机，他的战机油箱部分被美军的子弹击中。友永丈市是“飞龙”号的飞行队长，也是97式舰载攻击机部队的直接指挥官，无法出战让他感到十分焦急。在当天早晨的进攻中途岛的行动完成后，他就在休息室内休息，直到三艘航母被美军击中时他才被叫醒。友永丈市内心充满了悔恨和羞耻，认为是自己的指挥失误造成了全舰队的沉重损失。日本武士道精神很看重雪耻，友永丈市决心用自己的生命来洗刷耻辱。从11点开始，不断有各式战机降落在“飞龙”号上。“飞龙”号上的水兵也像最贪婪的收藏者一样欢迎每一架战机的到来。

11点27分南云忠一等人登上“长良”号轻巡洋舰，这艘轻巡洋舰是驱逐舰部队的旗舰，拥有良好的通信设施，虽然不符合日军的惯例（按惯例当时的指挥舰除了航母就是战列舰）但用于指挥整个舰队还是合格的。登舰后安忠义等人尴尬地发现他们在逃命中忘记携带象征南云忠一权威的中将旗，这在日本陆海军中都是难以原谅的错误。在近现代军队中军旗是整个作战部队番号的象征，大部分国家都有部队军旗被缴获就取消番号的规定。日本陆军中最看中的旗帜是联队旗（日军联队是最常用的建制单位，联队以地域为核心征兵作战，若干个联队可以组成一个师团，在战争中联队经常会被调往不同的师团），联队旗由天皇授予，日本陆军还有专门保管联队旗的士兵，丢失联队旗、损毁联队旗在日本陆军看来是最大的耻辱，必须要用血来洗刷。日本海军中除了天皇授予挂在军舰舰首的菊花纹（菊花纹饰是日本皇室的象征，只有巡洋舰以上的军舰才有资格悬挂，按照日本海军的惯例巡洋舰以下的军舰都不算正式军舰）外，军旗就是最宝贵的象征。对于日本海军的将领来说，象征着自己军衔的旗帜，也是自己权威的象征，只有升起代表他们军衔的军旗才有资格指挥舰队，所以在南云忠一撤离“赤城”号时阿部弘毅才能暂时取代他的地位。草鹿龙之介一伙人在“长良”号上四处翻找中将旗，他们大概以为“长良”号经常接受高级将领视察也应该有多余的中将旗。南云忠一上舰后却首先询问驱逐舰舰队指挥官木村进，能不能让“长良”号拖着“赤城”号离开战场。5千多吨的“长良”号如果在平时用尽自己的全部马力也可以勉强拉着4万多吨的“赤城”号返回日本吴港的军工厂进行维修，在战时却成了“不可能完成”的任务。首先，这样做会大大影响“长良”号的速度和机动性，在美军战机随时可能再次光临的情况下会让“长良”号成为最好的轰炸目标。其次“赤城”号已经变成了一个随时都会爆炸的大火球，会对拉着它前进的“长良”号造成威胁。按照日本人的传统礼节，木村进勉强答应了南云忠一的请求。然后他委婉地指出“考虑到‘赤城’号现在的状况，这样做肯定会比较麻烦。”南云忠一作为典型的日本人明白，这其实就是拒绝的委婉说法。这时草鹿龙之介插话了，他不好意思地向木村进索要海军少将旗充当南云忠一的中将旗。日本的海军中将旗的特点是白底，中央1个旭日，外围类似“米”，上方有一红道。海军少将旗的特征和中将旗类似，区别是上下方各有一红道。草鹿龙之介提议将木村进的海军少将旗下方的红道去掉，充当中将旗。这个建议在老派日本海军军人眼里完全是“大逆不道”，南云忠一却没有拒绝，他正在思考如何报复美军舰队。

就在南云忠一在“长良”号上思索如何报复美军的时候，留守在“赤城”号上的青木泰二郎等人正忙得焦头烂额。11 点 30 分，青木泰二郎下令让船上的飞行员和“赤城”号上的伤员紧急转移到旁边的驱逐舰“野分”号和“岚”号上。命令发布后 5 分钟（11 点 35 分），“赤城”号机库内又发生了一次剧烈的大爆炸，飞行甲板上的火势开始加剧。爆炸产生的冲击波将青木泰二郎冲到了锚机甲板上，青木泰二郎干脆把锚机甲板当成了指挥中心，在那里指挥了九个多小时。“赤城”号其他的高级军官也来到这个弹丸之地，有人纵观全局，有人亲临一线，他们都想挽救自己的航母。但所有的努力都成了无用功，几个小时的忙活也没有阻挡火势进一步扩大。12 点 50 分，“赤城”号残余的热蒸汽终于消耗完，整个军舰彻底无法动弹。苟延残喘的日军不得不弃舰逃命。

和“赤城”号比起来，“苍龙”号和“加贺”号就悲惨多了。“苍龙”号大爆炸发生后，没有人认为它还能起死回生。同样的命运也降临在“加贺”号上，连续的爆炸彻底摧毁了它。

虽然这三艘航母还需要一段时间才会沉没，从作战力量上它们已经被第一机动舰队除名。南云忠一在“长良”号上升起了“中将旗”后就立刻发出了指令：“‘赤城’号、‘加贺’号以及‘苍龙’号在 10 点 30 分遭到敌人炸弹袭击后，一直处于严重的受损状态，飞行甲板上火势很大，他们已经不能参加任何行动，我已经转移到长良号上，在打击完敌人后，舰队向北转移。”此时南云忠一手边可以用于作战的力量有“飞龙”号航母、两艘战列舰，三艘巡洋舰以及五艘驱逐舰，其他六艘驱逐舰正在接收三艘航母上的剩余人员因此无法作战。11 点 43 分阿部弘毅请示南云忠一：“已命令第八巡洋舰部队、第三战列舰部队和第十驱逐舰部队，准备完毕等待攻击机。”急于复仇挽回颜面的南云忠一非常干脆地回答说：“停止”，他想亲自带队指挥反击，按照阿部弘毅的建议他所在的“长良”号会排在舰队最后很难亲自指挥。临近中午时，南云忠一发出了新的指令，让残余的第一机动舰队军舰：“按第十驱逐舰部队，第八巡洋舰部队和第三战列舰部队的顺序进行集合，航向 170 度速度 12 节”。这个作战顺序等于让第八巡洋舰部队暂停，让“长良”号以第十驱逐舰部队旗舰和第一机动舰队旗舰的双重身份居于舰队靠前的位置。中途岛海战日军的反击战中南云忠一依旧是整个舰队的指挥官，山口多闻并没有对舰队的部署提出任何反对意见。南云忠一已经从侦察机获取的情报得知，美军位于自己以东 78 海里的地方，他希望用“飞龙”号上的舰载机消灭敌人唯一的航母，让“榛名”和“雾岛”两艘战列舰的巨型火炮和第八巡洋舰部队携带的威力巨大的 93 式鱼雷赢得战斗。因此他下达的命令是全舰队出击的命令，而不是让“飞龙”号保持一段距离进行反击。这种孤注一掷的反击是所谓的江田岛军校精神，那就是全力以赴的进攻，只问过程不问结果。此时的第一机动舰队就像是一头被伏击后的战争困兽，它依旧按照自己原始的本能作战，它的大脑——南云忠一、山口多闻等人已经被失败刺激得不能思考。第一机动舰队这只战争困兽已经失去了最锋利的三个爪牙，攻击力量大不如前。它幸存的爪牙“飞龙”号只有 10 架零式战机、18 架 99 式舰载轰炸机和 9 架 97 式舰载攻击机，一共 37 架战机。此外天空中还有 27 架巡逻的战机，两者相加，第一机动舰队这头战争困兽一共有 64 架战机可以使用，只相当于它早晨作战力量的四分之一。如果南云忠一和山口多闻可以冷静地评估敌人的战机数量就会发现，上午时分对第一机动舰队进行轰炸的美军战机有很大一部分是舰载攻击机，尤其是 10 点 20 分到 10 点 25 分的毁灭三艘日军航母的俯冲轰炸机不可能来自一艘航母。起码有两艘以上的美军航母参与攻击，而且也会对随着舰队靠近的“飞龙”号形成威胁。从事后诸葛亮的角度来看，南云忠一和山口多闻的计划可以说是非常不明智。他们把“飞龙”号看成是翻盘的希望，却不做任何风险评估，没有任何防御美军战机突然来袭的应对方案。

12 点 10 分一份未署名的情报送到了山口多闻面前：“上午，正在轰炸敌方航母。”这份情报是通过 99 式舰载轰炸机的发报机发出的，山口多闻理所当然地认为这份情报来自小林中队的 99 式舰载轰炸机。其实这并不是小林中队发出的情报，他们的情报要在 13 点钟以后才被收到，这份情报的发出者现在也成了一个谜。这份情报并不是谎言，当时小林中队确实和美军的“约克城”号航母展开了激战。11 点 32 分小林道雄率领的机群在“筑摩”号五号侦察机的指引下冲向“约克城”号。11点42分“飞龙”号也发来信号再一次指明了“约克城”号的位置。在前往攻击“约克城”号的途中，小林道雄犯了一个致命的错误。当时重松康弘率领的零式战机部队发现了不少美军的“TBD复仇者鱼雷轰炸机”（实际上是SBD轰炸机），主动向小林道雄请战，小林道雄同意了。鱼雷轰炸机是零式战机飞行员十分喜欢的猎物。一是日军飞行员和他们的德国同行一样喜欢用击落敌人的战机数字展示自己的能力，相对笨重的鱼雷轰炸机是很好的猎物。二是在日军的“教条”理念中，鱼雷轰炸机依旧是己方舰队最危险的敌人。虽然“二战”主要参战国的战斗机飞行员都有类似于日德两国飞行员的荣誉感，但在盟国飞行员的观念中完成作战任务是比刷战绩更重要的事情，在执行护航任务时主动离开护航对象在盟国飞行员看来是十分严重的错误。其次当天上午的战斗已经表明，美军的俯冲轰炸机比鱼雷轰炸机更有威胁性，但教条主义严重的日军依旧像猎狗看到兔子一样扑向了自己眼中的“鱼雷轰炸机”。小林道雄没有停留还在继续冲向“约克城”号，他似乎认为零式战机可以轻松地解决掉对手。重松康弘等人和美军战机交战后却发现自己犯了一个错误，敌人并不是鱼雷轰炸机而是SBD俯冲轰炸机。SBD俯冲轰炸机和日军的零式战机最高速度差别不大，在没有携带重磅炸弹时也可以和零式战机在空中缠斗一段时间。这些SBD俯冲轰炸机是由查尔斯·威尔率领的“企业”号机队，它们排成密集的阵型在空中和六架零式战机展开了激烈的空战。这种不求有功但求无过的战术让零式战机的机动性优势无法得到发挥，零式战机没有击落一架SBD战机。相反在SBD战机密集的火力打击下，两架零式战机还受了严重损伤，只能返回己方舰队。重松康弘不得不结束了这场得不偿失的战斗，当他准备执行护航任务时小林道雄的机群已经远远离去，看不到踪影。

11点52分，“约克城”号雷达观测员依照雷达信号发出了敌机来袭的警报。“约克城”号20架野猫式战斗机迅速迎战。由于时间比较紧，它们没有足够的时间飞到拦截高度也不能进行有效的编队，只能以单兵或小组的形式阻击敌人。虽然“约克城”号装备的MK33指挥仪和雷达的配合比不上 MK37 火力指挥仪（中途岛参战航母中只有“大黄蜂”号使用了 MK37），但依旧比日军的 94 式指挥仪强得多，在它的指挥下“约克城”号的防空火炮给日军留下了难忘的印象。小林道雄在进攻前进行了简单的分兵，按照 3 架战机为一个分队的方式分别进攻，每个分队都排成了标准的“V”字形。这个战术被美军野猫式战机接连不断的冲锋给破坏掉了，美军飞行员艾尔伯特·麦卡斯基像古代的骑士一样用一个猛烈的冲锋贯穿了日军整个机队，然后他又转向拦截了日军第二中队的指挥官山下途二。数架日军战机在交战中很快起火掉入大海中，指挥小林中队第二分队的近藤武宪也被美军击落毙命。任何敢于靠近“约克城”号航母进行俯冲轰炸的 99 式舰载轰炸机都遭到了击落，其他几架零式战机也被防空火力和美军战机阻拦，只能匆忙地投下炸弹，这些炸弹毫无准确度可言。小林道雄试图利用 99 式舰载轰炸机迂回到美军的野猫式战斗机后面进行偷袭，携带着重磅炸弹的 99 式舰载轰炸机却很难做到这一点。美军的 TBD 鱼雷轰炸机也不断飞到空中，试图用数量优势压倒日军战机。每一分钟都有战机从空中掉入海中，日军和美军的战机展开了血腥的消耗战。眼看小林道雄就要全军覆没，重松康弘终于带着 4 架零式战机加入了战斗。这 4 架零式战机以 3 架战机被击落的代价抢下了制空权（唯一幸存的是重松康弘，他在 13 点 30 分返回“飞龙”号），让小林道雄的 99 式舰载轰炸机可以顺利地执行轰炸任务。12 点 10 分空战结束，小林道雄带领的 18 架 99 式舰载轰炸机已经只剩下了 7 架，损失了接近三分之二的攻击力量。小林道雄本人也在阵亡

小林道雄（1914年10月28日-1942年6月4日），“二战”时期日本海军第二航空战队飞行员，海军大尉。

名单中，他阵亡的时间是在 12 点 11 分以后，这是他最后发出电报的时间。按照美军在事后的调查，小林道雄很可能提前扔下了炸弹。美军的两架野猫式飞行员在交战时发现了一架奇怪的日军战机，这架战机当时并没有携带炸弹，而且十分注意观察日军轰炸机的投弹情况。这架奇怪的战机很可能就是小林道雄的战机，它在观察发报时被美军击落。7 架日军战机有 2 架被击落，有 4 架投弹击中了“约克城”号航母，导致其锅炉通风口被炸毁，9 个锅炉中的 6 个不得不停用。此外，还有两部升降机被击中。“约克城”号一时间浓烟滚滚，速度明显下降。为了这个战绩日军也付出了惨重的代价，18 架 99 式舰载轰炸机中 13 架被击落，返回的 5 架战机里还有一架彻底报废，2 架伤重暂时不能使用，状态完好的只有 2 架。

我们再把视线转回到“飞龙”号上，接到战报后的山口多闻兴奋异常，他催促己方侦察机加大侦查察力量。此外他还在 12 点 20 分催促 97 式舰载攻击机部队加快出发。他的两个命令都没有得到很好地执行，日军当时只能出动“筑摩”号上的四号侦察机，97 式舰载攻击机部队还要到一个多小时后才能出发。同样在 12 点 20 分，山本五十六也发出了命令：补给部队（就是田中赖三那支部队，它们被美军反复轰炸过）脱离主力部队，他亲自率领主力部队（主要指以“大和”号为首的战列舰部队）支援南云忠一，近藤新竹的中途岛进攻部队（包括四艘重巡洋舰和两艘金刚级战列舰以及“瑞凤”号轻型航母，“瑞凤”号携带 24 架战机，分别是 12 架零式战机和 12 架 97 式舰载攻击机）暂时向西北撤离，前去支援机动部队；最后，第二机动部队（指攻打阿留申群岛的航母部队）向南进发。这个作战计划实际上并没有让南云忠一和山口多闻在当天下午用整个第一机动舰队的残余力量去和美军进行赌博式的战斗，因为近藤新竹的舰队也要到夜里才能到达中途岛海域。而山本五十六的战列舰部队要到第二天早上才会赶到战场，第二机动舰队的两艘航母要赶到中途岛更要到几天以后。南云忠一可能认为自己可以凭借“飞龙”号挽回一些颜面，接着用自己的水上部队缠住美军舰队，这样可以把战斗拖到夜晚，让夜晚时分赶到的近藤舰队发挥日军引以为傲的夜战优势消灭美军。这样不用山本五十六亲自赶到战场，南云忠一甚至就可以反败为胜。

南云忠一一厢情愿的想法在12点40分受到了挑战，“筑摩”号五号侦察机发出新的情报：“在十二度方向距我起飞位置大约130海里处发现两艘敌舰的踪迹，似乎是一艘航空母舰和一艘驱逐舰，向北航行速度二十节。”而之前日军侦察发挥的情报是：“敌人在我方舰队七十度方向相距九十海里的位置。”综合前后情报南云忠一终于终于意识到美军可能拥有两艘或两艘以上的航母，而且是在两个不同的方向，敌人向北航行表明他们不愿意和自己进行近距离交战。13点钟南云忠一和山口多闻终于得到了他们最不想得知的消息，那就是敌人的力量远远超过了自己。驱逐舰“岚”号在中午时分从海中捞出了“约克城”号VT–3中队的飞行员奥斯马斯，日军对这名飞行员进行了严刑拷打。奥斯马斯在拷打之下说出了自己知道的一切，包括美军三艘航母的名字，两支特混舰队分在两地执行作战的计划、舰队的构成。奥斯马斯在当天下午被“岚”号驱逐舰的舰长渡边保证下令处决，尸体丢入大海。紧接着井田政忠也驾驶着D4Y彗星式侦察机降落在“飞龙”号的甲板上，由于发报机故障，他不得不在降落后才说出了自己的侦察结果。井田政忠证实了奥斯马斯的供词，还特意指出美军的第二支编队位于小林机队攻击抵点的南方。

13点10分山本五十六向近藤信竹详细传达了命令，让近藤信竹派遣一部分力量去摧毁中途岛的空中基地。山本五十六还下令暂缓对中途岛和基斯卡岛的攻击。也就是说山本五十六不想在当天下午再进行了一场舰载机之间的对决，他准备在第二天后再战斗。这个命令山口多闻和南云忠一也收到了，由于没有明确阻止他们报复的命令，他们选择了视而不见。13点22分南云忠一下令将航向改为70度角，等待“飞龙”号前来会合。山口多闻还在为第二波进攻做准备，13点钟刚过，10架97式舰载攻击机就在“飞龙”号甲板上进行了预热工作。即使知道敌人的力量远比自己强大，即使听到了山本五十六的安排，山口多闻依旧选择了豪赌，从个性上看他确实是山本五十六的翻版。山口多闻为这次进攻选择了6架零式战机，指挥官是刚刚从“加贺”号上死里逃生的森茂大尉。森茂大尉将六架零式战机分为三个小队，每队两架战机。从飞行员阵容来看，已经可以看出当时“飞龙”号航空兵部队缺兵少将的窘况。三个小分队队长之一的峰岸义次郎刚刚从战场上返回不久，他在一个小时前还为小林道雄的机队执行过护航任务，在和美军SBD轰炸机的战斗中被击伤。第三分队也由“加贺”号的两名飞行员组成，分别是担任队长的山本旭和曹坂东城。友永丈市战机左油箱漏油的毛病依旧没有被修好，他只能使用右油箱携带的350公升汽油，这意味着他只能执行有来无回的自杀性任务。13点15分，小林道雄的机队开始在“飞龙”号上空盘旋，24架战机出战只有6架返回的悲惨景象让友永丈市的飞行员们也觉得灭亡离自己并不遥远。13点30分一切准备完毕后，山口多闻亲自发表了战前训话。山口多闻像输红眼的赌徒一样大喊，他要求飞行员要尽其所能，他们是现在帝国海军最后的希望，既然已经知道美军有三艘航母，并且其中的一艘已经受伤，那么他们就绝对有必要攻击另一艘未受伤的航母。友永丈市登机前山口多闻还特意和他握手告别：“我永远和你们在一起。”由于友永丈市的战机已经是有去无回的状态，不少人认为山口多闻已经有了失败后就自杀的念头。山口多闻看着自己最后的希望飞向了天空，然后才下令接收小林道雄机队的6架战机。接收完这6架战机后，“飞龙”号开始和第一机动舰队的其他军舰会合。

友永丈市（1911年1月9日—1942年6月5日）太平洋战争时任海军大尉，航空母舰飞龙号的舰载攻击机队长。

“飞龙”号在赌徒司令官山口多闻的命令下赌上了自己几乎全部的舰

载机，可以说它的命运已经和大海上燃烧的三姊妹一般无二。因为除非友永丈市可以一次消灭掉美军全部航母，否则“飞龙”号就会面临美军舰载机的疯狂报复，这个可能性连山口多闻都不敢设想，他最大的希望就是友永丈市再消灭敌人的一艘航母。

第二节

最后的挣扎

友永丈市的机队没有得到更多的情报指引，这为最后的失败埋下了伏笔。为友永丈市的机队提供情报指引的是从“利根”号、“筑摩”号以及“榛名”号上起飞的侦察机，它们都遇上了麻烦。“利根”号起飞的两架侦察机在14点整才出发，比规定时间晚了45分钟。14点09分，“筑摩”号上起飞的五号侦察机也被美军的两架野猫式战斗机击落。“榛名”号上起飞95水上飞机也遭到了美军战斗机的连续攻击，被美军击落。美军战机加大了对日军侦察机的打击力度，在当天的战斗中一共有16名日军侦察机成员丧生、失踪。这种打击让日军陷入了战争迷雾，友永丈市的机队在这种迷雾中进攻了错误的敌人。美军的侦察却几乎做到了战场单向透明，14点30分塞缪尔·亚当斯率领的侦察分队发现了“飞龙”号的准确位置，他发出了当天美军最有价值的情报。他指出日军单独的一艘航母位于279度方向，距离它的初始出发地点（“约克城”号）大约110英里，方位是北纬31度15分西经179度05分。这个地点和“飞龙”号的实际位置相差38英里，在舰载机部队看来可以忽略不计。亚当斯还指出日军舰队分为两队，航母为一队，位于它的西面的其余水面力量为另一队。南云忠一和山口多闻的指挥也为亚当斯的观察送上了一份大礼，正是因为他们执意要汇合在一起才让亚当斯有机会发现“飞龙”号。亚当斯出发的时间是上午11点30分，飞机经过三个小时的飞行已经处在航程的极限。

由于不能得到更多的情报，友永丈市的机队只能靠使用望远镜发现敌人。友永丈市的机队第二中队的中队长桥本敏男大尉同时也是2中队1号机的观察员（97式舰载攻击机成员为三人，分别是飞行员、观察员和电报员），桥本敏男在14点30分发现了第17特混舰队的尾流。桥本敏男通过尾流认定这是一支航母特混舰队，航母应该位于舰队中央。桥本敏男和友永丈市认为美军的这支舰队航速比较一致，估计军舰没有受到损伤，那么作为美军舰队核心的航母应该不是被小林机队打得起火的那艘。他们认定这是一支未受损的敌军，值得攻击。

实际上友永丈市机队面对的就是刚刚在两个小时前被小林机队击伤的"约克城"号，由于美军具有超强的损伤控制能力，火势早已被扑灭。"约克城"号还在13点55分就通过截获日军电报的方式知道了友永丈市机队的存在。14点整"约克城"号修复了雷达，并用雷达捕捉到了友永丈市的机队。14点30分也就是永丈市机队发现"约克城"号行踪时，它的部分锅炉已经重新开始工作，航速恢复到了十九节，这造成了友永丈市的错觉。为了欢迎这群不速之客，"约克城"号还特意向第16特混舰队求援。在被小林道雄的机队袭击后，弗莱彻就离开了"约克城"号，把阿斯托利亚号巡洋舰当成了旗舰，还分散了很多战机去第16特混舰队的航母甲板上进行维修，这保存了美军的战斗力。由于"约克城"号的速度只有19节，这对放飞战斗机非常不利。萨奇作为最资深的战斗机指挥官亲自负责这次保卫战，他指挥的战斗机数量是10架，还有8架野猫式战机正在支援的路上。

14点34分日军的进攻开始，友永丈市将飞行高度降低到4000英尺（1219米）时突然遭遇了两架美军野猫式战机。它们迅速地击落了日军第一中队的97式舰载攻击机，很快就有护航的两架零式战机加入了战斗。两架野猫式战斗机被击落，友永丈市的机队得以继续前进。随后友永丈市见到了美军航母，在他眼中这艘航母是致命、危险的敌人，而且没有受伤，是最值得攻击的目标。"约克城"号当时正在转向背对日军机队，航向东南，这不但可以远离逼近的日军战机，还可以起飞更多的野猫式战斗机。在"约克城"号周围，护航的驱逐舰靠拢成一个紧密的环形，直径大

萨奇和他的战机，战机上的日军旗帜代表被击落的日机

约三千米，这个距离可以让全舰队的防空火力互相支援。友永丈市和自己的好友、部下桥本敏男进行了最后通话，强调当他率领第一中队剩余的四架战机攻击的时候，由桥本敏男率领第二中队攻击航母的左翼。

友永丈市带领第一中队很快在200英尺高度用每小时200节的速度猛冲。在友永丈市冲锋的过程中，美军军舰各种火力对空射击，尼米兹发明的环形防御发挥了作用。友永丈市刚刚冲破了重巡洋舰“彭萨科拉”号和驱逐舰“拉塞尔”号的防空火网，就发现自己只能攻击“约克城”号的舰尾。于是，他命令中队的两架战机转向左沿着航母左舷，飞到船首位置，吸引敌方火力。友永丈市和僚机飞往右船舷位置，试着寻找更好的攻击位置。友永丈市刚刚布置完战术，就成了萨奇的牺牲品。萨奇驾驶战机直接冲到了友永丈市战机的右侧，对着友永丈市的战机猛烈开火。和自己学生奥黑尔一样，萨奇也是空中射击的顶级高手，尤其擅长攻击敌人的右侧。友永丈市的战机被萨奇的机枪子弹接连命中，很快燃烧起来坠海。友永丈市的僚机很快也被第16特混舰队的支援战斗机围住，三架野猫式战斗机迅速将其击落。第一中队剩余的两架战机也没有逃脱失败的命运，他们飞到了“约克城”号的左舷，在那里被美军战机围攻。其中一架还向“约克城”号发起了自杀式攻击，当然也没有成功，美军飞行员比尔莱纳德从后面击落了它。第一中队最后一架战机也遭遇了相同的命运，一架来自“约克城”号的夜猫式战机勇敢地冒着自己母舰的防空炮火，直接从后面将其击落。至此，日军发起进攻的10架九七舰载攻击机已经损失过半，第一中队全军覆没。

6月4日下午，“约克城”号遭到飞龙号第二波鱼雷机击中，随后被迫弃船。这波机队由友永丈市率领，但击中“约克城”号的是桥本敏男和他的僚机。

“约克城”号残骸

由于第一中队的强攻，桥本中队侥幸穿过了美军的火力网。在接近“约克城”号时，他们发射了鱼雷，并像得手的窃贼一样飞速逃离。桥本敏男还不时地紧张回望，希望看到自己的战果，最后他看到了两个巨大的水柱从“约克城”号的飞行甲板上升起，这意味着命中了要害。这次进攻日军损失了5架97式舰载攻击机，残存的舰载攻击机中也有3架严重受损，只有两架勉强保持了完好状态，日军还损失了2架零式战机。日军进攻的全部16架战机只有9架勉强飞回了“飞龙”号，“飞龙”号上可以使用的舰载机也在这次进攻中损失殆尽，再加上屈指可数的99式舰载轰炸机，山口多闻用自己几乎全部航空兵进攻力量换取了“约克城”号一艘航母被重创的战果。14点45分，桥本敏男向“飞龙”号报告了己方重创两艘敌人航母的好消息，但日军并不知道他们两次攻击的都是“约克城”号航母。

日军撤离后，美军在“约克城”号上进行了紧张的抢修。第一枚鱼雷让三座锅炉停止了工作，造成蒸汽压力急速下降，航母船身向左舷倾斜六度。这个问题很快被美军解决了，他们转向右舷继续保持航行，燃油配送到右船舷油箱已修正船体倾斜角度。真正致命的是第二颗鱼雷，这颗鱼雷造成了前部发动机室进水，让“约克城”号丧失了动力。不但如此，第二颗鱼雷还让全部的水泵停止工作，17分钟内“约克城”号船体倾斜角度达到23度，处于倾覆的边缘。“约克城”号舰长巴克麦斯特不得不在15点左右命令自己船员停止抢修，做好弃舰的准备。

桥本敏男的电报让山口多闻自信心极度膨胀，他立刻发电报给南云忠一：“在确定建立联系后，我计划出动我们的全部力量（5架舰载轰炸机，5架鱼雷机和10架战斗机），在黄昏摧毁敌军舰队。”一分钟后，山口多闻发来了详细的说明，他声称在第一次进攻中：“成功命中美军一艘企业级航母，5颗25号炸弹（半穿甲弹）使得它爆炸并燃起大火，上述的敌军航母和他的5艘大型巡洋舰是攻击过程中所看到的唯一舰队，但是根据我们的情报，在10英里的远处，应当还有另外两艘航母。第二轮攻击波在13点20分起飞，第三波飞机队（6架舰载轰炸机，9架零式战机）正在准备起飞。”山口多闻已经彻底被自己臆想中的胜利冲昏了头脑，幻想自己的“飞龙”号可以消灭美军在太平洋战区的半数航母，以为6架舰载轰炸机的攻击力量就可以轻易毁掉美军的航母。15点40分，当桥本敏男带着剩下的9架战机返回“飞龙”号航母时，山口多闻也不得不面露愁容。这9架战机中只有4架还能使用，其中2架零式战机和3架97式舰载攻击机已经没有维修的价值了。16点，山口多闻认真听取了桥本敏男的作战报告，兴奋地向南云忠一汇报：“两枚鱼雷准确命中一艘企业级航母”。尽管损失巨大，山口多闻还在幻想可以继续进攻，他在半小时后再次发电给南云忠一："'飞龙'号的第三波攻击将会在傍晚18点起飞前去攻击敌军。"但是南云忠一却陷入了迷茫，他在15点50分，收到了"利根"号上侦察机发回的报告。报告称，美军有两艘航母，各有两艘军舰护航。这和山口多闻的战报产生了矛盾。他开始认定美军还有两艘航母，"飞龙"号正处于美军舰载机的攻击范围内，以一敌二的话"飞龙"号很可能被击败。16点30分南云忠一下达了撤退令，要求第一机动舰队向左转向，向西行驶。

除了"飞龙"号，南云忠一还想尽可能多地带走受重伤的航母。他在16点整向第四驱逐舰分队的指挥官木村进发令，命令他尽一切可能保护受伤的航母，并且尽力向西北方向撤退。南云忠一还是对挽救"赤城"号等航母抱有不切实际的幻想，毕竟在当时钢铁年产量只有600多吨的日本，一天之内放弃十万吨钢铁打造的三艘巨舰是非常严重的损失。南云忠一的这个命令实际上耽误了整个舰队撤退的时间，因为舰队撤离时的速度并不取决于航速最快的舰船，而是取决于最慢的舰船，让驱逐舰去拖运"赤城"号等航母，在实施拖运的过程中不仅会浪费大量的时间，也会大大降低驱逐舰的速度。

与此同时，美军的报复正在展开，这次报复行动的总指挥是斯普鲁恩斯。6月4日下午，即使经过了日军的空袭，整个中途岛海域的美军依旧可以出动60架俯冲轰炸机。由于弗莱彻已经损失了自己的航母，第17特混舰队失去了自己的作战核心，所以弗莱彻十分大度地将指挥权交给了斯普鲁恩斯。这是一个十分大度的决定，弗莱彻是荣誉勋章的获得者（荣誉勋章的获得者即使是士兵遇到将军也是将军先敬礼），在美军中资历超过斯普鲁恩斯，还有尼米兹的授权，完全可以直接接管第16特混舰队的指挥权。弗莱彻将指挥权最终交给斯普鲁恩斯的结果是成就了斯普鲁恩斯，让斯普鲁恩斯在太平洋战场上大展身手。

在14点55分接到亚当斯的汇报后，第16特混舰队开始组织对日军的反击。和兵力捉襟见肘的日军相反，美军有充足的兵力。"企业"号参与进攻的战机数量是26架，其中有15架战机是来自"约克城"号所属的

在海面迫降的美军战机

VB-3 中队，7 架战机属于 VS-6 中队，还有 4 架 VB-6 中队的轰炸机。这些战机的飞行员已经在上午的战斗中显示了自己是优秀的战士，组织战机成功轰炸“加贺”号的 VS-6 中队中队长加赫来凭借主场的便利（他的中队属于“企业”号）成了进攻机队的指挥官，击沉“赤城”号的最大功臣百思特也在进攻序列之中。此外还有 5 架 SBD 战机由于勃朗宁参谋的工作失误，没有被及时送上飞行甲板。15 点 25 分，“企业”号放飞了作战飞机。和“企业”号相反，“大黄蜂”号依旧表现得像是在梦游。14 点 56 分，“大黄蜂”号也做好了起飞战机的准备。但它并没有收到旗舰“企业”号发出的明确进攻指令。15 点 10 分它自作主张，开始在甲板上回收从中途岛返回的 VS-8 中队和 7 架执行巡逻任务的夜猫式战斗机，因此浪费了不少时间。17 点 17 分，斯普鲁恩斯要求“大黄蜂”号舰长米切尔在 17 点 30 分起飞战机，但后者毫无准备。“大黄蜂”号手忙脚乱地在 18 点整成功起飞了 16 架 SBD 轰炸机，这些战机已经明显跟不上战友的步伐了。虽然在组织上出了不少问题，美军的攻击力量依旧非常雄厚，完成作战任务绰绰有余。

在即将展开攻击的时候，美军的战斗机也加大了对日军侦察机的攻击力度。16 点 10 分，“约克城”号的野猫式战斗机分队攻击了日军“利根”号第 3、第 4 号侦察机，只有第 4 号侦察机躲在云层中逃过一劫，第 3 号侦察机在 16 点 33 分被击落。16 点 55 分，阿部弘毅向南云忠一发出了当天下午最接近真实情况的情报分析："综合所有情报，很明显敌军的大型特混舰队是由两艘航母、六艘巡洋舰和八艘驱逐舰组成，已经出动了两架水上飞机前往侦察更多的情报。"但这为时已晚，美军的战机已经在 16 点 45 分锁定了“飞龙”号的位置，即将展开复仇之战。

此刻的“飞龙”号上到处都是抓紧时间休息的飞行员，山口多闻的进攻计划不得不拖延了 90 分钟。山口多闻在 16 点 30 分盘点了可以使用的战机，分别是 4 架 99 式舰载轰炸机、5 架 97 式舰载攻击机，此外唯一残存的 D4Y 彗星侦察机也被他拿来充数，桥本敏男依旧被任命为作战指挥官。由于持续作战，“飞龙”号上的飞行员都十分疲惫，为了完成任务“飞龙”号舰长加来止男甚至想出了用兴奋剂提神的主意。山口多闻没有同意加来止男的主意，他下令让参与进攻的飞行员休息 90 分钟，在黄昏时分的 18 点整发起进攻。“飞龙”号上空还有 13 架零式战机巡逻，这些战机都来自于被击毁的“赤城”号等三艘航母。

参与进攻的美军在锁定敌人位置后做了分工，加赫来指挥“企业”号所属的 VB-6 和 VS-6 中队攻击“飞龙”号，沙姆韦指挥 VB-3 中队攻击距离“飞龙”号最近的“榛名”号。加赫来攻击航母的战术是飞过“飞龙”号的左船舷后，转向向西从背光处进行攻击。17 点 01 分，“筑摩”号发现了加赫来率领的 11 架 SBD 轰炸机，这些战机距离“飞龙”号的距离只有 5 公里，“筑摩”号紧急开炮提醒了“飞龙”号。在“筑摩”号后面，“利根”号也在 17 点 04 分发现了沙姆韦攻击“榛名”号的 15 架轰炸机，也发出了警告。“飞龙”号在接到预警后立刻启动了防空火炮。加来止男也随即进行了右转舵，让飞龙后的船头对准美军战机，这样可以增加美军的投弹难度。“飞龙”号本来就是参战的日军航母中机动性最强的一艘，由于这次预警得力，它避开了不少美军的炸弹。天空中巡逻的零式战机也发疯一样地冲向美军战机。防空火炮、零式战机的阻拦和加来止男有效的应对措施让加赫来的进攻交了白卷，所有战机都没有命中“飞龙”号，只有几颗近失弹对“飞龙”号造成了一些轻微损伤。在美军战机俯冲的过程中，日军的零式战机还击落了两架SBD战机。在战场西面，沙姆韦指挥的VB-3中队正在准备进攻“榛名”号，看到友军作战不利，沙姆韦果断下令让几架战机留下来攻击“榛名”号，他亲率大部分战机帮助友军。这是一次鲁莽而成功的冒险，沙姆韦不但忽视了加赫来的命令，还没和友军进行任何沟通。兵贵神速，沙姆韦带领的战机直接越过了正在准备俯冲的百思特的VB-6中队。百思特当时正要进行俯冲作战，已经被零式战机作为重点关注目标。百思特中队不得不进行了“急刹车”返回原位，让友军通过。百思特不但浪费了一次进攻机会，还让早已虎视眈眈的零式战机找到了攻击机会。在和零式战机的短暂交火中，百思特的僚机驾驶员弗雷德·韦伯不幸身亡，VB-6中队只剩下了3架战机。抢到攻击位置后，沙姆韦一马当先发起了进攻，他顺利地将1000磅重的炸弹命中了“飞龙”号的飞行甲板。VB-3中队的战机也依次对“飞龙”号展开轰炸，此外百思特的中队也摆脱了零式战机的阻拦参与了进攻，一时间“飞龙”号要在三个不同的区域面对高速俯冲的美军轰炸机，“飞龙”号的防空火力明显不够用了，在沙姆韦成功投弹后又有三枚1000磅重的炸弹命中“飞龙”号，将“飞龙”号的飞行甲板前半部分彻底变成了火海。

四颗重磅炸弹引发的大爆炸让“飞龙”号一片狼藉，飞行甲板被炸得上下翻起，甲板上的水兵在大火中丧生。“飞龙”号前部机库中的19架零式战机被严重损毁，在里面工作的机械师和飞行员也死亡大半。其中一颗炸弹还炸毁了前部起降机，把电梯炸得粉碎，电梯碎片在爆炸冲击波的推动下四处飞散。被美军炸弹炸飞的电梯碎片重量大小不一，大的碎片重达数十上百公斤，杀伤力堪比重型炮弹。这些碎片飞起后横扫甲板上所有上层建筑，舰桥上的玻璃被它们炸得粉碎，加来止男等人被迫以最快速度逃到了甲板上。船尾的空中控制站也被摧毁，飞行长川口益被冲击波掀到甲板上，神奇的是他除了全身酸痛外没有其他伤害，在另一颗炸弹飞来前他还能用最快速度逃离飞行甲板。川口益的副手有村嘉一就不像自己的长官

被重创的“飞龙”号航母

样幸运，他身体的左半边受到重伤，肺部被扎伤，左腿也多处骨折，只能勉强依靠在飞机控制塔下保持平衡。“飞龙”号上的电灯也在攻击中熄灭，被迫用上了应急灯。毁掉“约克城”号的元凶桥本敏男在轰炸开始时还在待命室休息，第一枚炸弹投下后他在长椅上直接被震了下来，接着又被爆炸产生的气浪掀到了甲板上。在轰炸过后他成了“飞龙”号上少有的飞行员幸存者，全身除了一部分头发烧焦外其他部分完好无损。桥本敏男活到了战后，还成了日本航空自卫队的高官。对“飞龙”号的攻击还产生了一个战果，就是消灭了大量日军飞行员，整个“飞龙”号上阵亡的日军飞行员数量是 70 人左右（日方统计结果是 66 人，美方统计结果是 72 人），占了整个中途岛海战中日军飞行员损失人数的七成左右。

在四颗重磅炸弹命中“飞龙”号后，美军剩余的几架 SBD 轰炸机停止了进攻，在这些战机飞行员看来“飞龙”号已经变成了尸体。他们前往“榛名”号上空对这个计划中也要消灭的敌人展开了进攻，结果是无人命中。“榛名”号是日本海军“二战”中著名的“福将”之一，这艘 1911 年建造的老旧军舰参与了日本海军在太平洋战争中的多场重大海战，在海战中多次负伤却都能顺利撤出战场。“榛名”号于 1945 年 7 月 28 日才在自己母港被美军战机用13颗重磅炸弹击沉。它在当天的战斗中只是受到了两颗近失弹的附带伤害，这对于“榛名”号来说只是小意思。

受重伤的“飞龙”号在这波美军战机离开前还必须保持着每小时三十节的高航速，这是规避敌人轰炸的无奈手段。这种高航速让“飞龙”号上的大火借着风势越烧越大，给消防作业造成了极大的困难。好容易盼走了这批美军战机，“大黄蜂”号上的美军机队又出现在“飞龙”号上空。“飞龙”号只好继续保持这种要命的航速，在海上毫无目的地前进。“大黄蜂”号机队的飞行员也认为攻击“飞龙”号毫无意义，他们把攻击的目标对准了“利根”号和“筑摩”号。这次“大黄蜂”号依旧没有交出好的答卷，它的战机部队没有命中这两艘重巡洋舰。“大黄蜂”号在太平洋的战绩并不突出，在一年的参战过程中只荣获了4颗战斗之星（参加作战并获得战绩），远远比不上自己的姊妹舰“企业”号，后者打完了整个“二战”并获得了20颗战斗之星。

在“大黄蜂”号刚刚撤离战场后，日军又迎来了不速之客——美国陆军航空兵的12架B17轰炸机。这12架B17轰炸机是由于巧合才结伴而来，它们中有6架属于中途岛美军，由斯威尼中校负责指挥；还有六架来自夏威夷珍珠港，是布莱基少校指挥的增援部队。布莱基少校在即将降落前，被要求从西北方向攻击日军的第四艘航母。由于长途飞行，布莱基少校机队的油料已经不多，他们和斯威尼中校的部队会合后，只能勉强保持在三千英尺（914米）的低空，这并不是B17轰炸机发挥最佳威力的高度。12架美军轰炸机在18点15分对“飞龙”号展开了轰炸，由于没有接受过专门的训练，它们投下的炸弹无一命中，很多炸弹都落在距离“飞龙”号500米的海里，连近失弹都算不上。投掷下全部炸弹后，B17机群还不想离开战场。它们凭借着大口径机枪的强大火力和出色的防护能力，在零式战机的阻拦下低空逼近“飞龙”号，用机枪横扫了飞行甲板，还用自己携带的两门50毫米机炮成功摧毁了“飞龙”号上的一座防空炮台，杀死了数名高射炮手。18点32分，B17轰炸机才全部离开。它们背后是无奈的零式战机，零式战机的飞行员已经没了当初的锐气，他们对这种“皮糙肉厚”的对手没有太多的手段，更明白自己的战机已经彻底失去落脚点，只能祈祷自己迫降后可以很快得到己方的救援。中途岛上空的太阳已经开始慢慢落下，自太平洋战争开始以来一直狂妄骄横的日本海军的士气也降到了最低点，他们的舰队已经像夕阳一样逐渐走向了末路。

6月4日下午的战斗对美日双方来说都是关键之战，从战术层面来说双方似乎打成了平手，从战略层面来说美军是大赢家。美军击沉了唯一可以远距离威胁自己的“飞龙”号，牢牢掌握了战场主动权。

第三节

大结局

夜色终于降临在中途岛海面，在海上极目远望可以看到大股黑烟从第一机动舰队上空升起。黑烟的释放者就是四艘日军航母，它们身边围绕着10艘驱逐舰。随着夜色转浓，这些驱逐舰也从航母的守护者变成了介错人（即在武士自杀时进行最后斩首的人）。

日军已经彻底失去了远程攻击能力，他们曾一度把翻盘的希望寄托在夜晚的战斗上。傍晚时分，近藤信竹的舰队已经接近南云忠一的第一机动舰队。按照山本五十六的要求，他会让自己统帅的全部军舰在南云忠一的指挥下作战。日本海军将鱼雷作为夜战的主要武器，近藤信竹下令把鱼雷下水深度设定为四米，这个深度的鱼雷只能攻击美军的驱逐舰和巡洋舰，而不是重型的航母和战列舰。接到近藤信竹舰队接近的消息后，南云忠一陷入了痛苦的决断。当时第一机动舰队还存有120枚九三式鱼雷，其中有88枚鱼雷装备在驱逐舰上。南云忠一当时剩余的驱逐舰数量是十一艘，其中有十艘在航母周围执行护卫任务，这些驱逐舰如果不能参战就会严重影响夜晚的战斗。那么能不能将鱼雷集中在半数驱逐舰上呢？答案也是否定的，日军当时还没有普及雷达，只能依靠军舰上的水兵用视力进行肉眼观察。只有将尽可能多的军舰排成直线，才能保证侦察范围最大化。发现敌人舰队后，这些军舰要在协调下向目标靠拢，并尽量发动一致的进攻。在海战中每减少一艘驱逐舰，南云舰队的侦察范围就减少大约十五公里。因此南云忠一不得不做出了放弃伤重航母的决定，他决心在必要的时候让自己的驱逐舰彻底击沉这四艘航母。

南云忠一首先选择抛弃损伤最严重的"加贺"号和"苍龙"号，它们在当晚18时到19时之间被距离自己最近的驱逐舰执行了"死刑"。给"苍龙"号送上最后一击的是围在它身边的"矶风"号和"滨风"号，这两艘军舰上也聚集了大量"苍龙"号上的幸存者。击沉"苍龙"号的是九三式鱼雷。和日军舰载攻击机专用的九一式鱼雷相比，九三式鱼雷的威力更加强大，它的重量相当于九一式鱼雷的三倍，达到了2700公斤以上，弹头装有490公斤炸药。这种被日军吹嘘为世界上威力最大的鱼雷却成了日军送葬自己航母的最佳利器，不能不说是一个讽刺，而且这也是九三式鱼雷在"二战"中击沉战舰吨位最大的一次。三枚九三式鱼雷从"矶风"号上发出，19点13分，"苍龙"号开始显露出沉没的迹象，它船身倾斜，船头翘起，船尾开始下沉。"滨风"号也同样成功地发射了鱼雷，并在19点15分回电南云忠一："'苍龙'号已沉"。"加贺"号的700多名幸存者也在"荻风"号和"舞风"号的甲板上目睹了自己军舰的末日。"荻风"号舰长岩上次一将军舰开到距离"加贺"号右船舷200米处，这是海战时梦寐以求的最佳鱼雷发射距离，不过他对准的是自己舰队的航母。"荻风"号准确地将两枚九三式鱼雷发射出去，全部动作堪称完美。一分钟后，两个巨大水柱宣告了攻击有效，水柱甚至扑灭了"加贺"号上的一部分火焰。19点25分"加贺"号开始沉没。

夜色越来越深，黑暗彻底笼罩了美日两国的舰队。斯普鲁恩斯在19点15分回收了全部战机，并迅速对作战力量进行了盘点。此刻他拥有的全部战机数量是60架左右，只相当于一艘航母上的作战力量。因此他决定不在夜晚和敌人进行战斗，如果有敌人舰队逼近，就远远撤离战场。他的舰队已经完成了尼米兹交付的任务，没有必要再冒险。当夜美军舰队除了少数执勤人员外，其他人都得到了休整。

在日军方面，自大狂妄的情绪逐渐被多疑畏战代替。日军第一机动舰队刚刚还在叫嚣着用海战消灭敌人，很快又犯了过高估计美军战力的错误，保全实力的念头又占了上风。第八巡洋舰部队的参谋们根据傍晚时分的侦察报告很快给出了一份美军实力评估，他们推测美军还有四艘航空母舰，六艘巡洋舰和十五艘驱逐舰。南云忠一陷入了恐惧中，和这样强大的敌人交战，他实在没有底气，他迟迟不敢下令让驱逐舰击沉“赤城”号和“飞龙”号。南云忠一下令让围绕着“赤城”号的四艘驱逐舰尽快将所有还待在“赤城”号上的人都撤下来，19点20分“赤城”号上只留下了舰长青木泰二郎一个人。21点23分，“飞龙”号也停止了移动。“谷风”号、“卷云”号、“风云”号三艘驱逐舰开始用舰上的水管向“飞龙”号喷水，这种救援无异于杯水车薪。21点30分，南云忠一向山本五十六发了一份让后者暴怒的电报，电报中提到美军的战力是：五艘航母、六艘巡洋舰和十五艘驱逐舰。从这份电报看，南云忠一的精神状态明显不正常，他错误地增加了一艘航母，多报一艘航母这种低级错误的发生可以说是不可饶恕的。随后南云忠一才发现情况不对，发电报改正了自己的错误。他还上报山本五十六他的舰队正在保护“飞龙”号，之后准备以十八节的航速向西北撤退。联合舰队参谋长宇垣缠也看出了山本五十六的不满，提出了“由最高司令部发布严厉的斥责命令”的提议。山本五十六在22点55分下达了解除南云忠一职务的命令，命令要求近藤信竹接管南云忠一手中的作战力量，只让南云忠一指挥围绕着“赤城”号、“飞龙”号的几艘驱逐舰，负责给这两艘航母送终。23点15分，山本五十六发电给近藤信竹要求他详细说明第八巡洋舰部队和第三战列舰部队的行动情况。

近藤新竹在接受命令后要求第二驱逐舰分队、第五巡洋舰部队、第四驱逐舰部队和第四巡洋舰部队以标准的夜间作战阵型前进，统一在1点钟后发起搜索进攻。近藤信竹命令第一机动舰队的其余军舰赶往自己指定位置集合，但南云忠一拒绝执行山本五十六的命令，决定带着第一机动舰队的残余舰只继续撤离。这在第一机动舰队内部形成了混乱，一部分军官在两个长官之间摇摆不定。

同样摇摆不定的指挥官还包括联合舰队的最高指挥官山本五十六，6月5日零点15分，山本五十六再次下令给南云忠一和近藤信竹，要求除了护卫“赤城”号和“飞龙”号的驱逐舰外，其他军舰向主力部队靠拢。山本五十六同样取消了栗田健男指挥的第七巡洋舰部队炮击中途岛的计划，由于发报错误，第七巡洋舰部队在凌晨2点30分距离中途岛不到一个小时航程的地方接到了这份电报。这让栗田健男悔恨不已，他不得不紧急转向北方。在转向后不久，第七巡洋舰部队发现了美军的“坦波尔”潜艇。夜幕掩护下的敌人潜艇是一个可怕的对手，尤其是双方距离很近的时候，第七巡洋舰部队不得不进行了紧急规避动作，结果造成了日军巡洋舰部队的最大损失。“三隈”号和“最上”号在夜色中相撞，“最上”号的舰首被撞歪，速度大减降到了十二节，“三隈”号有一处油槽破裂。第七巡洋舰部队其他军舰继续撤退，只留下两艘驱逐舰和肇事者“三隈”号一起陪伴苦主“最上”号。

日军的“伊-168”号潜艇按照原计划在凌晨1点20分发起了炮击。“伊-168”号潜艇在几分钟内发动了八轮炮击，炮弹都落到了珊瑚礁环礁湖内，没有给美军造成任何伤亡。美国海军陆战队的炮手也迅速发现了敌人，他们在黑暗中对着日军潜艇的轮廓发起了反击。美军探照灯锁定日军潜艇后，“伊-168”号潜艇不得不下潜撤退。日军撤退后，中途岛美军进入了紧急动员状态。

正当日军在中途岛附近乱成一团时，南云忠一处理“飞龙”号和“赤城”号的工作倒是进行得很顺利。0点30分，一队日军登上了“赤城”号强行救下了青木泰二郎。但这还不是“赤城”号的最后时刻，因为在“大和”号上关于是否保留“赤城”号成了焦点话题。2点30分，南云忠一还在就如何撰写全面战斗报告绞尽脑汁，他坚持认为“飞龙”号仍然有希望挽救。山口多闻替自己长官选择了答案，他认为“飞龙”号必须被击沉，他将和自己的旗舰一起葬身海底。2点30分山口多闻命令全舰集合，并发布了弃舰的命令。2点50分山口多闻在燃烧的机库前发表了针对全舰800多名士兵的告别讲话。加来止男也决心留下和自己的战舰一同沉没，这样参与中途岛海战的四名航母舰长只剩下青木泰二郎一人活到了战后（“加贺”号舰长战死，“飞龙”号、“苍龙”号舰长成了自己军舰的殉葬品）。5

点 10 分，“卷云”号用两枚鱼雷击沉了“飞龙”号。

在“大和”号上山本五十六最宠信的参谋黑岛龟人甚至哭着对山本五十六喊道：“我们不能用天皇的鱼雷击沉天皇的军舰。”随着天色放亮，山本五十六下了最后的决心，他最后的宣判词是“我曾经担任过‘赤城’号的舰长，但是现在我感到无比的遗憾，我要下令击沉它，我会向天皇道歉，因为‘赤城’号是被我们自己的鱼雷击沉的。”击沉“赤城”号的命令在 4 点 50 分发出，“岚”号、“野分”号、“荻风”号、“舞风”号按照十二节的航速依次向“赤城”号发射了一枚鱼雷，其中有两枚鱼雷命中。5 点 20 分，“赤城”号沉没。此时日军已经损失了六艘重型航母中的四艘，在重型航母数量上首次被美军超过。

6 月 5 日上午，山本五十六带领着以“大和”号为首的战列舰部队，和近藤信竹、南云忠一、栗田健男的舰队汇合。

6 月 5 日美日两军在海上没有大规模的战斗，6 月 6 日中途岛最后一天的较量正式开始。上午 8 点钟，“大黄蜂”号出动了 25 架 SBD 俯冲轰炸机和 8 架野猫式战斗机进攻“三隈”号等日军战舰，机队的指挥官是渴望戴罪立功的瑞中校。由于原先美军认为日军还有一艘战力强大的航母和 5 艘驱逐舰前往支援，所以这次出动的机队阵容堪称豪华。9 点 30 分瑞中校发现了敌人，并下令开火。在战斗中，两架 SBD 战机被击落。瑞中校亲自指挥的战机中队再次错过了敌人。“大黄蜂”号参战的 VS–8 中队有两枚炸弹命中了“最上”号，其中一颗击穿了甲板，在鱼雷储藏室爆炸。但是“最上”号提前扔掉了全部 24 枚鱼雷，才没有造成连环爆炸。一个小时后，“最上”号扑灭了大火。中午过后，“最上”号和“三隈”号迎来了“企业”号 46 架战机的围攻。“企业”号这次起飞了 31 架 SBD 轰炸机和 3 架鱼雷机，此外还有 12 架夜猫式战斗机护航。战斗毫无悬念，日舰被美军战机发现后就陷入了被动挨打的局面。“最上”号又挨了两颗炸弹，一颗在“最上”号中部的甲板上爆炸，另一颗击中了舰桥造成了重大人员伤亡。“三隈”号在逃跑中也至少挨了五枚炸弹的轰炸，为最终的沉没埋下了伏笔。第一枚炸弹击中了“三隈”号前

6月6日，“三隈”号被美军舰载机炸弹击中，引爆了舰上九三式鱼雷，造成严重损毁。“企业”号的飞机拍下这张照片时，“三隈”号正在弃船，不少水兵在舰艏和舰艉集合，或者已经跳海逃生。“三隈”号的888人最终只有188人生还，这意味着相片中的绝大部分人都在稍后死去。

救援人员在“约克城”号倾斜的甲板上继续工作

面的3号主炮塔，炮塔碎片飞向舰船指挥中心，炮长当场阵亡、舰长琦山释夫伤重不醒。接着又有两颗炸弹命中目标，炸开了甲板，摧毁了右舷机房，让“三隈”号机动性大减。最后两颗炸弹炸穿了“三隈”号的甲板，在尾部机房爆炸，还在鱼雷发射管附近引发了大火。13点58分“三隈”号舰上的24颗鱼雷全部爆炸，炸毁了从烟囱到4号主炮塔在内的全部甲板上层建筑，还直接炸裂了底部船舱，造成了海水大量涌入。“三隈”号成了中途岛海战中美军摧毁的唯一一艘巡洋舰，被它保护的“最上”号反而逃出生天，直到在1944年10月份的莱特湾海战中才被击沉。

6月6日当天日军最大的收获就是彻底击沉了“约克城”号，“约克城”号被放弃后，美军依旧认为它还能被维修好，因此派出了“哈曼”号等六艘驱逐舰对它实行灭火扑救。巴克麦斯特舰长亲自带着救援小组在“约克城”号上实行抢修，拜美军强大的损失管理能力所赐，“约克城”号大火已被扑灭。从6月5日13点08分开始，“绿鹃”号扫雷艇牵引着“约克城”号以每小时3节的航速缓慢返回安全地带。6月6日13点31分日军的“伊-168”号潜艇在距离“约克城”号1500米的地方接连发射了四颗鱼雷。第一颗鱼雷命中了“哈曼”号驱逐舰，把舰身炸成了两半。在“哈曼”号下沉时，它携带的深水炸弹还自动爆炸了，造成了大量舰员的死亡。“伊-168”号潜艇发射的第二颗和第三颗鱼雷造成了“约克城”号失去平衡，船身开始倾覆。它发射的最后一颗鱼雷没有命中。15点50分，巴克麦斯特舰长不得不转移了自己的舰员，看着“约克城”号沉没。

6月6日傍晚，美日两国海军都没了继续作战的意愿。斯普鲁恩斯认为自己完成了尼米兹交给的任务，没有必要继续前进。他的舰队已经到达了中途岛以西400海里的地方，有可能被威克岛的日军战机袭击，更不想和占据优势的日军水面部队交战。19点07分，美军舰队返航回到了珍珠港。山本五十六等人认为美军还有强大的作战能力，他们认为美军残余兵力“依然拥有三艘或四艘航母，包括轻型航母”，至少有“一艘重型航

6月7日上午，经历多次攻击和抢救无效的“约克城”号，终于在海面翻沉。

母，两艘轻型航母，为数不少的驱逐舰和巡洋舰”在追击日军。联合舰队推测美军准备在6月7日发起决战。为了扭转战局，山本五十六希望可以把美军引到威克岛附近，斯普鲁恩斯的撤退让这个计划落空了。不管山本五十六有何谋划，他在中途岛海域都只能待上一天，联合舰队的燃料即将耗尽。6月7日，日军侦察机对周边海域进行了最后的侦察，没有发现任何美军的踪影。6月7日傍晚时分，山本五十六结束了整个中途岛战役。他唯一可以对国民宣称的战绩就是他攻占了阿留申群岛的基斯卡岛和阿图岛。

山本五十六不知道的是攻占阿留申群岛的行动还造成了一个意想不到的效果，那就是日军空中优势的提前丧失。6月4日14点30分，日军“龙骧”号航母出动了15架战机轰炸“荷兰港”。这些战机和“隼鹰”号起飞的战机部队配合默契，顺利完成了轰炸任务，参与作战的35架战机（包括

“隼鹰”号的20架战机）只有一架零式战机没有返回航母。损失一架战机并不算太大的事情，日军指挥官很快遗忘了这件事。这架被遗忘的零式战机在攻打荷兰港时发动机被高射炮弹的弹片击中，飞行员古贺忠义一在意识到要活命必须在几分钟之内降落。于是这架零式战机脱离战场，拖着烟雾向距离荷兰港40千米的阿库坦岛飞去。古贺忠义打算在那里的紧急着陆点降落后烧毁飞机，然后走到岸边等待友军救援。但事与愿违，这架零式战机降落时陷入沼泽，然后前翻扣在地面上，古贺忠义一脖子折断当场毙命。按规定伴随古贺忠义飞到阿库坦的另外两架飞机必须击毁这架零式防止落入敌手，但他们无法确定古贺的生死，始终下不去手，最终无奈地飞回“龙骧”号。一个多月后，一架PBY“卡特琳娜”水上飞机在阿库坦上空经过时，发现了这架“卧于”浅草丛中的零式战机。几个星期后，美国海军登上阿库坦岛，古贺的飞机成为美军俘获的第一架完整的零式战机。这架被称为“阿库坦零式”的俘虏被运到圣迭戈修复成可飞状态，机翼上的“日之丸”标志被美军蓝底白五星机徽取代，新组建的美国陆军航空兵技术情报小组负责对该机试飞评估。经过仔细检查，美军发现了零式战机的弱点。美军把这一发现及时反馈给了格鲁曼公司，格鲁曼公司很快对新产品F6F地狱猫战机进行了针对性的改进，“零式战机杀手”诞生的步伐大大加快了。

具有讽刺意味的是中途岛海战后日美两国海军在归国后得到了完全和战场不相称的待遇，美国海军按照美国媒体的报道反而更像战败者，日本则被裕仁天皇本人下令打扮成了战胜者。由于斯普鲁恩斯和弗莱彻两个人都不善于向媒体宣传自己，美国海军的风头被陆军航空兵抢去了，美国陆军航空兵甚至一度成了新闻记者眼中击败日军的功臣。

日本上演讳败如胜的总导演就是裕仁天皇，裕仁天皇在6月5日晚就得知了中途岛海战的具体情况。经过痛苦的思考，裕仁天皇决定隐瞒战况，他在6月9日任命东条英机的亲信安藤纪三郎为国务大臣，专门处理此事。在6月10日的陆海军联席会议上，海军按照裕仁天皇的旨意对与会的陆军高官宣扬了截然相反的战绩。军令部还给下属军官发布命令：

“最终确定我方在中途岛海战中的损失为一艘航母，另一艘航母受到重创，一艘巡洋舰受重创，35 架飞机玉碎”。6 月 11 日裕仁天皇下令军令部：“中途岛的伤兵必须在严密措施下返回日本，并且禁止与外界接触，直到他们伤愈后精神振作，缄口不谈，重新得到任命。”同一天，日本报纸宣称日军击沉了两艘美军航母。6 月 15 日，日本联合舰队的参战士兵返回柱岛基地，伤病员被严格限制自由。参与作战的陆军一木清直支队的官兵也被严令不准谈论中途岛海战，他们在两个多月后被大本营派驻到瓜达尔卡纳尔岛作战，很快全军覆没，他们和美国海军陆战队争夺的重点就是以安德森名字命名的“安德森机场”。拍摄了中途岛海战的随军记者牧岛定内在踏上日本的国土后就被关入收容所长达数周，释放后他被宪兵警告禁止踏入东京一步，否则的话就会受到逮捕。不久后，他被发配到南太平洋地区，在整个战争期间无法向任何人透露事情的真相。日本海军在裕仁天皇的支持下完美地执行了欺骗国民的任务，以至于让当时的日本首相东条英机都长时间不知道中途岛海战的真相。直到半年后，东条英机才意外地得知海战的真实结果。

作为中途岛海战的主要决策者，山本五十六并没有受到失败的惩罚。他依旧是日本全体国民的偶像，继续指挥联合舰队作战。不过他在日本战略问题上的发言权因为战败而大大丧失，军令部在 1942 年下半年开始执行自己梦寐以求的南太平洋作战计划，山本五十六只能被动执行。从 1942 年 8 月开始到 1944 年 2 月，日美两国展开了血腥的所罗门消耗战，日本的空中力量在这一年半的时间被美军消耗殆尽。在瓜岛争夺战的 6 个月中，日本丧失飞机 893 架、飞行员 2362 名。在战役的第二阶段中，残酷的海空战总共使日本丧失飞机 6203 架，飞行员 4824 名。在整个所罗门消耗战中，日本合计损失飞机 7096 架，相当于开战初期所拥有的 2172 架飞机的 3 倍以上。山本五十六也成了这场残酷消耗战的牺牲品，和中途岛之战一样，山本五十六死于关键情报被破解。1943 年 4 月 18 日早晨，山本五十六不顾当地陆军指挥官今村均大将关于遭伏击风险的劝告，搭乘两架运输机前往所罗门群岛布干维尔岛附近的野战机场，希望为驻军鼓舞士气。山本五十六的座机被从瓜岛机场起飞的 18 架加挂副油箱的 P–38 式战斗机截击，并死于列克斯·巴伯中尉之手。山本五十六战死后反而赢得了更大的荣誉，日本军国主义需要这个完美的形象代言人。

作为中途岛战败的直接责任人，南云忠一也没有被解职。他还担任了新组建的第三舰队司令，指挥了圣克鲁斯海战。战后他被遣送回国，任佐世保镇守府司令。1943 年 6 月，转吴镇守府司令，并于 10 月兼任第一舰队司令。1944 年 3 月，由大本营任命为中太平洋方面舰队司令兼第十四航空舰队司令，驻地塞班岛。这是日军大本营借刀杀人的伎俩，因为塞班岛是美军的必争之地，在上任前南云忠一向自己的两个儿子说出了大量中途岛之战的秘闻。1944 年 7 月 6 日，南云忠一眼见失败在即，自杀身亡。

中途岛海战中的美方参与者也有各自不同的结局，结局最好的当属尼米兹，他成了无可争议的五星级上将。接着是斯普鲁恩斯，他获得了中途岛海战胜利者的荣誉，并在海战中不断进步成了真正的名将。1944 年 6 月斯普鲁恩斯统帅 15 艘航母以微弱代价重创了小泽治三郎指挥的日本联合舰队，让日本海军航空兵变成了“马里亚纳打火鸡”中的悲惨主角，还间接造成了老对手南云忠一的自杀。斯普鲁恩斯还指挥美军战机击沉了日本海军的象征“大和”号战列舰，将昔日对手山本五十六的座舰送进了海底。和斯普鲁恩斯比起来，弗莱彻的命运就有些悲惨，他在所罗门海战等一系列残酷的消耗战中表现得并不“出色”，在整个太平洋战争中扮演了篮球场上的“蓝领”。萨奇没有赢得更多的飞行员荣誉，他在中途岛海战后成了美国海军的王牌教官，大力在美国海军中推行自己发明的“萨奇剪”战术，最后以海军上将身份退役，在 2013 年去世。杜立特在轰炸完东京后，降落在中国，从中国回国。他获得了荣誉勋章，还成了美国空军中唯一轰炸过三个轴心国首都的人。

在中途岛海战前后沉没的美军航母“列克星敦”号、“约克城”号、“大黄蜂”号等在 1944 年 1 月后也有了新的躯体，8 艘埃塞克斯级航母在那时横空出生，为战胜日本打下了坚实的基础。而日本的四艘航母却在战争期间被击沉，中途岛海战后日本只建造了一艘全新的航母。美日两国的国力差距造成了战争最后的结果，大和魂在美国原子弹的打击下魂飞魄散，天皇也从“神”变成了人。